JOÃO BAPTISTA HERKENHOFF

Curso de Direitos Humanos

EDITORA
SANTUÁRIO

DIRETOR EDITORIAL:
Marcelo C. Araújo

COORDENAÇÃO EDITORIAL:
Ana Lúcia de Castro Leite

COPIDESQUE:
Mônica Reis

REVISÃO:
Bruna Marzullo

DIAGRAMAÇÃO:
Simone Godoy

CAPA:
Fernanda Barros Palma da Rosa

Dados Internacionais de Catalogação na Publicação (CIP)
(Câmara Brasileira do Livro, SP, Brasil)

Herkenhoff, João Baptista
  Curso de direitos humanos / João Baptista Herkenhoff. – Aparecida, SP: Editora Santuário, 2011.

  Bibliografia.
  ISBN 978-85-369-0247-0

  1. Cidadania 2. Declaração Universal dos Direitos dos Homens 3. Direitos humanos I. Título.

11-08948   CDU-347.121.1

Índices para catálogo sistemático:

1. Direitos humanos: Direito civil
347.121.1

Todos os direitos reservados à **EDITORA SANTUÁRIO** — 2011

Composição, CTcP, impressão e acabamento:
EDITORA SANTUÁRIO - Rua Padre Claro Monteiro, 342
12570-000 — Aparecida-SP — Fone: (12) 3104-2000

Sumário

Apresentação 7

Primeira Parte
Fundamentos dos Direitos Humanos 11

1. O conceito de direitos humanos presente
nas diversas culturas: evolução histórica 13
2. Equívocos na compreensão do que são
os direitos humanos 17
3. Cultura brasileira e direitos humanos 21
4. Importância do estudo dos direitos humanos 25
5. Direitos humanos: a busca do universal 31
Questões para revisão da Primeira Parte 36

Segunda Parte
História dos Direitos Humanos no Mundo 37

6. Direitos humanos na Antiguidade, para consumo
interno e para os nacionais puros – Proclamações
feudais de direitos 39
7. Universalismo das declarações de direitos:
contribuições francesa, norte-americana, mexicana,
russa e alemã. Limitação do poder: gestação histórica 45

– 3 –

8. Emergência do proletariado, dimensão social da democracia e negação dos direitos humanos: causas universais. Esgotada a busca de novos direitos humanos? 51

Questões para revisão da Segunda Parte 59

Terceira Parte
História dos Direitos Humanos no Brasil 61

9. Os direitos humanos e a Constituição Imperial 63
10. Primeira Constituição Republicana e os direitos humanos 71
11. Os direitos humanos, a Revolução de 1930, a Constituição de 1934 e o arremedo de Constituição de 1937 75
12. Direitos humanos: 1946 marca a volta do Estado de Direito, 1964 assinala o início de uma longa ditadura 83
13. Direitos humanos: Constituição de 1967, esforço para reduzir o arbítrio – AI-5, noite de terror 89
14. A volta do Estado de Direito, a conquista da anistia 97

Questões para revisão da Terceira Parte 103

Quarta Parte
A Constituição Federal de 1988 e os Direitos Humanos......... 105

15. Constituinte de 1987/1988, emendas populares, Comissão Afonso Arinos 107
16. Os direitos humanos e a Constituição de 1988: filosofia, estrutura geral, princípios básicos 113
17. Constituição Federal de 1988: homens e mulheres são iguais; tortura é intolerável; liberdade de consciência,

pensamento, crença, reunião sem armas, associação; intimidade, casa e correspondência são invioláveis........121

18. Constituição Federal de 1988: propriedade subordinada à função social; direito de petição, acesso à Justiça, ampla defesa; tribunais de exceção, prisões arbitrárias, pena de morte ou de caráter perpétuo; rejeição do racismo; *habeas corpus, habeas data*, mandado de segurança, ação popular.................................... 125

19. Direitos sociais na Constituição Federal de 1988........135

20. Nacionalidade e direitos políticos na Constituição Federal de 1988.....................................141

21. Direitos humanos nas constituições brasileiras: uma colocação global do problema a título de conclusão da sinopse histórica 145

Questões para revisão da Quarta Parte.....................150

Quinta Parte
A Declaração Universal dos Direitos Humanos............151

22. O preâmbulo da Declaração Universal dos Direitos Humanos. A afirmação da igualdade dos homens e de sua dignidade 153

23. A repulsa a discriminações, servidão, escravidão. O direito à vida, à liberdade e à segurança pessoal........159

24. Tortura, não. Pessoa, sim 165

25. Igualdade perante a lei, acesso aos tribunais e garantia contra prisão arbitrária 171

26. Presunção de inocência; vida privada e locomoção......177

27. Asilo, nacionalidade, casamento e família 181

28. Propriedade como direito de todos, liberdade de pensamento, consciência, religião, opinião e expressão....185

29. Liberdade de reunião e associação, participação no governo, acesso ao serviço público e direito à seguridade social 189

30. Direitos do trabalhador: escolha do emprego, condições justas de trabalho, igual remuneração por trabalho igual, repouso, lazer, saúde e bem-estar. Proteção contra o desemprego. Direitos sindicais.........195

31. Direitos educacionais de toda pessoa, prioridades dos pais na educação dos filhos, participação na vida cultural, nas artes e no progresso científico 201

32. Ordem social que garanta os direitos proclamados. As pessoas têm deveres para com a comunidade. Não se tolera o desvio de uso da Declaração dos Direitos Humanos 205

32A. Questões para revisão da Quinta Parte 214

Referências bibliográficas.....................217
Lista completa dos livros do autor.........................221

Apresentação

J á publiquei pela Editora Santuário uma trilogia dos direitos humanos. Agora publico este *Curso de Direitos Humanos*.

Na trilogia busquei um aprofundamento filosófico e histórico na problemática dos direitos humanos. Ela é bastante adequada, a meu ver, para pesquisas nessa área do conhecimento. A pretensão deste *Curso de Direitos Humanos* é outra.

Este livro tem finalidade eminentemente didática. Destina-se a ser adotado na cadeira de direitos humanos, tanto no Curso de Direito como em outros cursos que contemplam esta disciplina na grade curricular.

É também adequado para treinamentos de direitos humanos que sejam levados a efeito por igrejas e organizações da sociedade civil como centros de direitos humanos.

Esta obra se destina também a escolas de formação militar que têm recepcionado o estudo dessa linha do direito como parte integrante da formação. Cresce paulatinamente a consciência de que não existe qualquer oposição entre respeito aos direitos humanos e zelo pela segurança pública.

Um outro destino deste compêndio é seu uso em seminários de direitos humanos, promovidos em faculdades ou mesmo em cursos que não possuem tal cadeira no currículo.

Finalmente, pode ser útil para todas as pessoas e todos os grupos que se sintam atraídos pelo tema *direitos humanos*.

Nas hipóteses em que este *Curso de Direitos Humanos* for adotado como livro didático, os volumes da trilogia certamente podem servir como leitura complementar de aprofundamento, indicada para estudantes que queiram mergulhar, de corpo e alma, nas reflexões relacionadas ao tema.

Integram a trilogia dos direitos humanos os seguintes títulos: *Gênese dos Direitos Humanos* (254 páginas); *Direitos Humanos – A construção universal de uma utopia* (231 páginas); *Direitos Humanos – Uma ideia, muitas vozes* (366 páginas).

Cada um dos livros acima citados, trata dos seguintes assuntos:

1. *Gênese dos Direitos Humanos* – aborda a história dos direitos humanos, da construção dessa ideia por muitos povos e culturas, através dos tempos. Este tema surgiu em tempos imemoriais e chega à elaboração da "Declaração Universal dos Direitos Humanos", em 1948.

2. *"Direitos Humanos – A construção universal de uma utopia* pretende contribuir com o debate contemporâneo do tema, sob o ângulo de sua dinâmica. Os direitos humanos não são estáticos. Não ficaram congelados na Declaração Universal dos Diretos Humanos, aprovada em 1948; continuam em construção. O direito é elaborado em um processo vivo.

3. *Direitos Humanos – Uma ideia, muitas vozes* trata da particularização da ideia universal de direitos humanos, nas culturas dos diversos povos que se espalham pelo mundo. Os direitos humanos, na sua enunciação geral, sofrem a influência dos espaços culturais – heterogêneos, diferenciados. A multiplicidade cultural, que se observa na paisagem humana, aguça nossa inte-

ligência, estimula nossos sentidos e torna ainda mais palpitante a aventura do ser humano na caminhada pela História. A expressão particularizada, direitos humanos, valoriza seu sentido, sua abrangência e importância.

Esse tema comum define o caráter de trilogia das obras. Um elo liga os trabalhos, mas não há necessidade de seguimento racional das ideias. Também não há uma precedência aconselhando determinada ordem de leitura. Cada livro procura dar seu recado, e o conjunto pretende transmitir uma mensagem sincronizada.

Os livros da trilogia, para minha satisfação, percorrem o Brasil. Como a Santuário é uma editora religiosa, a penetração nos arraiais eclesiásticos foi muito grande. Recebi muitas cartas de bispos, padres, freiras, pastores evangélicos etc., cartas que guardo, ciosamente, nos meus arquivos.

Quando a trilogia foi publicada ainda não havia a cadeira de direitos humanos no currículo acadêmico. Assim, editoras jurídicas, que já haviam publicado outros livros meus, não viam viabilidade comercial na edição da trilogia. Por isso procurei a Editora Santuário. O Padre Flávio Cavalca de Castro, então diretor editorial da Santuário, acolheu com extrema simpatia os originais, resumindo em uma frase a razão de tal acolhimento. Disse-me o seguinte: "Os direitos humanos têm base evangélica. Uma trilogia com esse tema está dentro da proposta da editora".

Em relação especificamente a este *Curso de Direitos Humanos,* procurei escrever um livro simples na linguagem e direto nas proposições. Não obstante este esforço de simplificação, colimei produzir uma obra que, ao mesmo tempo, fosse densa e reflexiva no conteúdo.

Os professores da disciplina *Direitos Humanos* que adotarem este livro podem excluir do seu plano de curso capítulos que considerarem de menor relevância, adequando assim o desenvolvimento do curso à carga horária disponível.

Também, a critério dos professores, pode ser adotada uma sequência de estudos diversa da sequência do livro. Os direitos humanos na Constituição Federal de 1988, por exemplo, tratados na Quarta Parte desta obra, podem ser examinados depois do estudo da Declaração Universal dos Direitos Humanos (Quinta Parte).

Em síntese, este *Curso de Direitos Humanos* pretende ser útil na educação para tais direitos, visto que contém informações, reflexões e exercícios que podem ser utilizados no aprendizado. E, se o objetivo for alcançado, creio ter cumprido meu desiderato.

● ● ●
Primeira Parte

Fundamentos dos Direitos Humanos

1. O conceito de direitos humanos presente nas diversas culturas: evolução histórica

1. Conceito de direitos humanos

Por *direitos humanos,* ou *direitos do homem,* são modernamente entendidos aqueles direitos fundamentais que este possui pelo fato de ser homem, por sua própria natureza humana, pela dignidade que a ela é inerente. São direitos que não resultam de uma concessão da sociedade política. Pelo contrário, são direitos que a sociedade política tem o dever de consagrar e garantir.

Maria Victoria Benevides define os direitos humanos como "aqueles direitos considerados fundamentais a todos os seres humanos, sem distinção de sexo, nacionalidade, etnia, cor da pele, faixa etária, classe social, profissão, condição de saúde física e mental, opinião política, religião, nível de instrução e julgamento moral."[1]

---

[1] Palestra de abertura do Seminário de Educação em Direitos Humanos, São Paulo, 18/02/2000. Disponível em: http://www.hottopos.com/convenit6/victoria.htm

2. Direitos do homem ou direitos humanos?

A designação "direitos humanos" parece-me mais acertada que a designação "direitos do homem".

"Direitos humanos" deixa claro que os destinatários dos direitos são os seres humanos em geral. Já "direitos do homem" estabelece, na denominação, a preferência pelo gênero masculino. Sabemos que, quando se usa a expressão "direitos do homem", a ideia de que se trata de direitos do homem e da mulher está implícita. Mas, de qualquer forma, por que "direitos do homem" para abranger os dois gêneros?

Não obstante essa ressalva semântica que me parece procedente, a França continua consagrando a forma *"droits de l'homme"* (direitos do homem), em homenagem ao passado. É bom lembrar que um dos documentos básicos da história dos direitos humanos surgiu justamente na França, com a designação de *"Déclaration des Droits de l'homme et du citoyen"* (1789).

3. Conceito de direitos humanos nas diversas culturas e evolução histórica desse conceito

O conceito de direitos humanos não é absolutamente unânime nas culturas. Contudo, no seu núcleo central, a ideia alcança uma real universalidade no mundo contemporâneo.

Este conceito resultou de uma evolução do pensamento filosófico, jurídico e político da Humanidade. O retrospecto dessa evolução nos permite visualizar a posição que a pessoa humana desfrutou dentro da sociedade através dos tempos – essa ideia será desenvolvida nos capítulos seguintes.

Como observou Norberto Bobbio: "A efetivação de uma maior proteção dos direitos humanos está ligada ao desenvolvimento global da civilização humana".[2]

Na mesma linha colocou-se Flávia Piovesan observando que os direitos humanos são históricos, pois se encontram em contínuo movimento.[3]

Hannah Arendt leciona que os direitos humanos não são um dado, mas um construído. Não são um dado, mas compõem uma invenção humana em constante e dinâmica construção e reconstrução.[4]

Na perspectiva em que me posiciono neste livro e em outros livros que abordam este tema, os direitos humanos são apresentados como projeto histórico a ser realizado por meio da luta.

4. Direitos humanos como utopia

A partir do reconhecimento de que os direitos humanos não sedimentam a organização do mundo, como está posto presentemente, a construção de um outro mundo, alicerçado nos direitos humanos, constitui uma utopia.

Na acepção que damos ao vocábulo "utopia", ela é força que alimenta a luta, é ideia, é História. Será perseguida por muitas vozes, pelo esforço de milhares ou milhões de mulheres e homens de boa vontade.

---

[2] BOBBIO, Noberto. *A Era dos Direitos*. Tradução de Carlos Nelson Coutinho. Rio de Janeiro: Campus, 1992, p. 45.

[3] PIOVESAN, Flávia. Democracia, Direitos Humanos e globalização econômica: desafios e perspectivas para a construção da cidadania no Brasil. Disponível em: http://www.iedc.org.br/artigos/500anos/flavia.htm

[4] Disponível em: http://www.iedc.org.br/artigos/500anos/flavia.htm

Esta concepção de "utopia como motor propulsor do direito" vem aguçando nossa reflexão há muito tempo. Dei mesmo a um dos primeiros livros que publiquei o título de *Direito e Utopia*.[5] Nele, escrevi:

> No direito, um papel decisivo está reservado ao pensamento utópico. É a utopia que dá luzes para ver e julgar o direito vigente na sociedade em que vivemos e para estigmatizá-lo como um direito que apenas desempenha o papel de regulamentar a opressão; um direito da desigualdade; um direito injusto, porque, no processo da produção, privilegia o capital; um direito que, consagrando essa distorção básica, faz com que dela decorra uma rede de distorções que maculam todos os institutos jurídicos.
>
> É a utopia que dá instrumentos para ver e construir, pela luta, o direito do amanhã: o direito de igualdade; o direito das maiorias, aquele que beneficiará quem produz, o direito dos que hoje são oprimidos; o direito que proscreverá a exploração do homem pelo homem, o direito fraterno, e não o direito do lobo.

---

[5] HERKENHOFF, João Batista. *Direito e Utopia*. Porto Alegre: Livraria do Advogado Editora, 2004 (5ª ed.) – a 1ª edição deste livro saiu em 1990, pela Editora Acadêmica.

2. Equívocos na compreensão do que são os direitos humanos

1. Tarefas com as quais se defrontam os militantes dos direitos humanos

Muitas e variadas tarefas têm ocupado a mente e exigido esforço dos militantes da causa dos direitos humanos não só no Brasil, como em muitos outros países.

Em síntese, são três as frentes de atuação:

a) a luta por uma *civilização dos direitos humanos*;

b) a transmissão de valores que constituem os lineamentos de uma *cultura dos direitos humanos*;

c) a *correção de equívocos correntes* sobre o sentido do que são direitos humanos e do que significa a defesa deles.

Lutar por uma civilização dos direitos humanos proporciona a mim e a muitos uma grande satisfação. Essa alegria interior decorre sobretudo da consciência de que o fruto dessa luta transpõe o tempo de nossa própria vida, o termo da existência individual, biológica.

Educar para os direitos humanos, transmitir valores que constituem o arcabouço de uma cultura dos direitos humanos, também recompensa a alma e retempera o ânimo.

Uma terceira tarefa tem de ser realizada, mas não tão estimulante. Pelo contrário, é psicologicamente desgastante. Trata-se de corrigir tantos equívocos correntes sobre o que são os direitos humanos, sobre o sentido da luta por tais direitos.

2. Militante dos direitos humanos é defensor de bandidos?

É muito comum a afirmação que identifica o militante dos direitos humanos como um "defensor de bandidos". Se esse conceito fosse emitido apenas em conversas ocasionais, não seria necessário grande empenho para esclarecer o equívoco. O pior é que esse conceito equivocado transita por jornais, internet, rádio e televisão, o que obriga os militantes da causa dos direitos humanos a uma empreitada hercúlea, uma vez que não dispõem dos mesmos meios para contra-argumentar. O ataque mencionado efetiva-se por meio de uma frase feita, que entra pelos ouvidos e dispensa racionalidade. A defesa da nobre causa dos direitos humanos exige explicações, funda-se na racionalidade.

Nenhum princípio do amplo "catálogo dos direitos humanos" dá embasamento para que os apoiadores dessa luta sejam considerados "defensores de bandidos".

3. Denúncia da impunidade deve abarcar os poderosos, embora a criminalidade mais sentida seja a criminalidade do varejo

Uma das prioridades em matéria de direitos humanos é a denúncia da impunidade. Só que essa denúncia da impunidade não abarca apenas os criminosos individuais, os que assaltam e matam, os que estupram e praticam crimes hediondos que, com razão, provocam em nós um sentimento de repulsa. Nós, que lutamos pelos direitos humanos, queremos também a punição dos poderosos, dos que comandam o crime organizado, dos que exploram o povo, dos que constroem edifícios residenciais que desabam, dos que fraudam o erário público. De certa maneira, a ação dos "grandes criminosos" provoca e estimula a criminalidade do varejo.

Essa criminalidade do varejo é grave, sem dúvida, e perturba diretamente a tranquilidade de todos, pois interfere em nosso retorno para casa depois do trabalho; essa criminalidade é mais sentida, mais visível que a criminalidade oculta dos poderosos. Entretanto, se nos debruçarmos sobre o problema com uma visão mais aprofundada, menos superficial, concluiremos que os "grandes criminosos" são muito mais nocivos à coletividade do que os "criminosos do varejo".

4. Julgamento de todos conforme a lei

A ideia de direitos humanos exige que toda pessoa acusada de um crime seja julgada, na forma da lei, com direito de defesa e presunção de inocência até a prova da culpa. Esse princípio prevalece em favor dos indiciados e acusados poderosos. Já às pessoas pobres, envolvidas com razão ou sem razão em inquéritos ou processos criminais, tais garantias são desprezadas, desconhecidas. Contra essa discriminação rebelam-se os que estão comprometidos com os direitos humanos.

Também desaprovam os militantes de direitos humanos a prática de procedimentos bárbaros, como julgamentos sumários, linchamentos, assassinato de criminosos depois de reduzidos à condição de presos etc.

Não obstante tenha a Declaração Universal dos Direitos Humanos transposto seis décadas de existência, nosso espírito espanta-se perplexo em face da violência, da impunidade e da aparente falência dos mais fundamentais valores humanos.

3. Cultura brasileira
e direitos humanos

1. Recusa a princípios fundamentais de direitos humanos na cultura das multidões

Na cultura das multidões há recusa, às vezes, a princípios fundamentais de direitos humanos. Enquetes de jornais têm revelado, por exemplo, a divisão dos respondentes, meio a meio, no que se refere à aprovação ou desaprovação de massacres de presos, justiçamento privado e outros eventos semelhantes.

Os pesquisadores capixabas Paulo Rogério Meira Menandro e Lídio de Souza realizaram belíssima investigação sobre o linchamento no Brasil. O estudo foi publicado em 1991, pela Fundação Ceciliano Abel de Almeida e Centro de Estudos Gerais da UFES.[6] Os pesquisadores concluíram que os justiceiros são temidos e aplaudidos e que os linchamentos se sucedem entre horror e entusiasmo.

---

[6] MENANDRO, Paulo Rogério M. e Souza, Lídio de. *Linchamentos no Brasil – A Justiça que não tarda, mas falha.* Vitória: Fundação Ceciliano Abel de Almeida & Centro de Estudos Gerais da Universidade Federal do Espírito Santo, 1991.

2. Linchamentos são possíveis apenas em uma cultura que abdicou do respeito à pessoa humana

Talvez não para explicar diretamente os linchamentos, mas para explicar os fatores que criam condições para a eclosão de linchamentos, dentro de uma sociedade, é possível vislumbrar pistas.

A pouca sensibilidade, que às vezes se observa, em relação aos direitos humanos na opinião pública, não será fruto de uma opinião pública dirigida, numa cultura de massa imposta pelas classes dominantes?

Parece acertado considerar que os linchamentos só podem estar presentes dentro de uma cultura que abdicou do mínimo respeito à pessoa humana. Numa sociedade em que a Justiça oficial está presente com mais solicitude e eficiência, são poucas as possibilidades de os linchamentos ocorrerem.

Numa sociedade que privilegie a solidariedade, que reforce os laços de comunhão entre as pessoas, que desencoraje a violência e que dê exemplos de atitudes positivas de convívio humano, os linchamentos e as vinditas tenderão a decrescer.

Numa sociedade que estimule a cooperação e cuja lógica não se baseie na competição, os atos violentos em geral, inclusive os linchamentos, tenderão a uma redução.

Numa sociedade que incorpora as pessoas ao grêmio social, que partilha os bens, que não segrega e não marginaliza, os atos de violência social e individual certamente baixarão de intensidade e de frequência.

3. Componente implícito de violência na cultura brasileira?

Não sei se existe um componente implícito de violência na cultura brasileira. Deparamo-nos tantas vezes com o contrário, com tantas manifestações individuais e coletivas de apoio mútuo e até de heroísmo, que me recuso a aceitar a ideia preconcebida do caráter violento da alma brasileira.

Nas grandes cidades, o indivíduo é um ser anônimo. Sobretudo a pessoa de origem interiorana sofre na grande cidade um aniquilamento psicológico.

Drummond registrou essa solidão em versos inigualáveis:

"Nesta cidade do Rio, de dois milhões de habitantes,
Estou sozinho no mundo, estou sozinho na América".[7]

O desterro do homem da terra que poderia frutificar com seu trabalho talvez seja a maior violência que se pratica no Brasil. Creio que nas cidades do interior se tem, com maior nitidez, condições para caracterizar a antropologia brasileira.

Em minhas andanças pelo interior do Brasil como juiz, presenciei com frequência absolutamente predominante os atos positivos, as atitudes nobres. O comportamento criminoso sempre constituiu exceção. Uma civilização dos direitos humanos exige toda uma construção cultural, e, a meu ver, é por essa trilha que devemos caminhar.

---

[7] ANDRADE, Carlos Drummond de. *A Bruxa – Obras completas*. Rio de Janeiro: Aguilar, 1964.

4. Importância do estudo dos direitos humanos

1. O interesse pelos direitos humanos não está restrito a juristas

O conhecimento dos direitos humanos é relevante para todas as pessoas. Não é um estudo que só interessa a quem faz parte do mundo jurídico. Cresce, em nosso país, a ideia de que o povo tem direito de conhecer esses direitos. É um fato auspicioso.

Há muito tempo os direitos humanos têm destaque nos desdobramentos da História; mas alcançaram um papel de grandeza ainda maior na atualidade. Um fato relevante, que os direitos humanos assumem, e a apropriação dessa bandeira por todos os oprimidos da Terra, por todos que buscam Justiça, por todos que lutam por Igualdade. Pessoas, grupos, classes, nações, minorias de toda ordem, espalhadas pelos mais diversos cantos da Terra, invocam os direitos humanos em sua luta de cada dia.

2. Educação para os direitos humanos: indispensável para a consciência do ser pessoa

A educação para os direitos humanos torna-se indispensável para que nos tornemos "pessoa", para que saibamos situar-nos dentro da sociedade e do mundo, para fortalecer a consciência de que todos somos portadores de dignidade e valor.

Os direitos humanos tornam-se mais respeitáveis à medida que se constata que não resultam do capricho ou diletantismo de alguns militantes.

Uma frase que se ouve com frequência é esta: "Isto é coisa desse pessoal dos direitos humanos". Ela é dita quando grupos assumem posições que incomodam, em face da ocorrência de injustiças e violências, seja num bairro, numa cidade, num estado, no país ou mesmo fora do país.

Para derrubar esse preconceito, nada melhor do que compreender a bela e longa história dos direitos humanos.

3. Direitos humanos não resultam de uma imposição imperialista

A ideia direitos humanos também ganha maior força quando concluímos que não resultam de uma imposição imperialista. Muito pelo contrário, os direitos humanos constituem traço cultural amplo dentro da Civilização Universal. Esta constatação impõe a necessidade da sua efetiva vigência dentro das relações sociais.

Sem dúvida é possível observar que governos poderosos – que não praticam os direitos humanos nem interna, nem externamente – levantam, às vezes, a bandeira dos direitos humanos com a finalidade colonialista ou por mero jogo político. Esses governos não são os donos dos direitos humanos. Contraditoriamente, é exequível invocar os direitos humanos contra as violências que praticam contra nações ou Estados pobres e fracos.

4. Educação para os direitos humanos no Brasil

Com relação especificamente ao Brasil, a educação para os direitos humanos é particularmente importante.

Uma Assembleia Nacional Constituinte reuniu-se em 1985/1986. Discutiu e votou, com significativa participação popular, uma nova Constituição. Esta acolheu amplamente a filosofia dos direitos humanos, não obstante tenha ficado, em alguns pontos, aquém dos reclamos populares. Mas mesmo essa Constituição – cujo texto não ouviu suficientemente as reivindicações dos setores populares da sociedade civil – está longe de ser cumprida, transcorridos mais de dois decênios de sua promulgação.

Tal constatação reforça a importância de se desenvolver no país um grande esforço de se educar a nação para os direitos humanos.

5. O direito é dinâmico

O direito (na concepção a que me filio) não é estático, mas dinâmico. Está num constante vir a ser, em permanente construção.

Na área dos direitos humanos há marginalizações a ser superadas, há direitos formalmente proclamados que precisam ser cumpridos.

A participação popular no processo constituinte, alcançada pela sociedade civil organizada, assinalou uma nova fase na vida do povo brasileiro. Representou a consciência, assumida por esse povo, de seu direito de ser agente da História.

Esse avanço teve e continua tendo desdobramentos significativos. Destaco como fatos relevantes:

– as lutas que têm sido travadas em favor da ética no campo político;
– as campanhas pelo exercício e fruição plena da cidadania;
– a denúncia da fome como resultante das injustiças sociais;
– a resistência do povo à tutela de sua vontade, em repetidos episódios em que se buscou subtrair deste o seu direito de participação política e consequente gerência do destino do país;
– a exigência de que a Justiça Criminal deixe de ser uma justiça que só pune os fracos e os pobres.

Ampliam-se os horizontes dos direitos humanos. Seu caráter individualista e liberal é enfraquecido para que se alcance uma dimensão social e solidária. Estão cada vez mais voltados para o catálogo de lutas de todos os oprimidos da Terra.

6. A luta pelos direitos humanos no Brasil é a luta pela transformação social

A luta pelos direitos da pessoa, em sociedades como a brasileira, marcada pela exclusão social de milhões de pessoas, é uma luta que rompe com os padrões dominantes, inclusive com os padrões dominantes no pensamento jurídico e na prática da maioria dos juristas. Assim a luta pelos direitos humanos, dentro da sociedade brasileira, é uma luta pela Transformação Social.

Diversos fatos e circunstâncias socorrem esta tese, como passo a expor.

Para demonstrar que a concepção de direitos humanos rompe

com os padrões tradicionais do pensamento jurídico, apresento aquele espaço social onde se inicia a geração, de forma sistemática, da mentalidade do futuro jurista: o espaço da universidade.

A disciplina Direitos Humanos está ausente dos currículos em muitos cursos de direito. O novo currículo jurídico, em cuja elaboração teve papel relevante a OAB, oferece uma oportunidade para que as faculdades recepcionem os direitos humanos. Aurélio Wander Bastos refere-se – especificamente em relação à possibilidade do ensino de direitos humanos – à construção da grade curricular que cabe a cada instituição organizar. Observa esse ilustre professor que dentro das "atividades complementares" existe a opção de se criar especializações, uma das quais pode ser o estudo dos direitos humanos.[8] A abertura proposta pela OAB e pelo MEC teve algum eco, mas a receptividade poderia ter sido maior.

Percebo não apenas a ausência da disciplina Direitos Humanos em muitos currículos acadêmicos, mas também a ausência de práticas complementares que se prestem a introduzir o estudante na preocupação com esse tema.

Além dessa ausência específica, assusta a ausência de preocupação com o tema em algumas escolas de direito. Entretanto, é animador perceber que a reação eficaz a esse tipo de postura, em muitos casos, não vem dos organismos universitários, mas dos próprios estudantes, por intermédio dos Centros Acadêmicos.

---

[8] BASTOS, Aurélio Wander. "O novo currículo e as tendências do ensino jurídico no Brasil." In: *Novas Diretrizes Curriculares*. Brasília: Conselho Federal de OAB, 1996.

5. Direitos humanos: a busca do universal

1. Núcleo comum universal de direitos humanos

Parece-me rigoroso concluir pela existência de um "núcleo comum universal" de direitos humanos.

Esse núcleo comum, no campo dos direitos humanos, corresponde aos "universais linguísticos" descobertos por Chomsky, na linguística.

Chomsky observou que cada frase dita ou ouvida é uma nova combinação de palavras, que aparece pela primeira vez na história do Universo. O cérebro deve conter alguma receita ou programa que constrói um número infinito de frases a partir de uma lista finita de palavras. Ele notou também que o ritmo de aquisição de palavras e apreensão da gramática, por parte das crianças, é extremamente veloz para ser explicado apenas pelo princípio da aprendizagem. As crianças criam tipos diferentes de frases, que nunca ouviram antes, e por isso mesmo não podem estar imitando.

Chomsky postula a existência de um dispositivo de aquisição de linguagem inato no ser humano. Ou seja, o homem vem equipado, no estágio inicial, com uma gramática universal, dotada de princípios universais pertencentes à faculdade da linguagem e de parâmetros não marcados que adquirem seu valor no contato com a língua materna.

Assim, apesar das várias línguas serem aparentemente diferentes quanto à sintaxe e à fonética, Chomsky acredita que todas seguem certas propriedades universais.[9]

Não me parece temerário colocar a tese de Chomsky como explicativa de uma universalidade de certos valores que alimentam a ideia sobre direitos humanos, conforme desenvolverei no decorrer deste livro.

2. Percepção diferenciada dos direitos humanos nos vários quadrantes da Terra

Sem prejuízo da existência desse "núcleo comum", há uma "percepção diferenciada" dos direitos humanos nos vários quadrantes da Terra.

Tais direitos são concebidos de uma forma peculiar pelos povos indígenas e pelos povos africanos, vítimas seculares da opressão. Também é bem diversa a percepção dos direitos humanos no mundo islâmico, mundo belíssimo que é portador de uma cultura peculiar. Não há qualquer incompatibilidade entre Islamismo e direitos humanos, como insiste em nos fazer crer a visão imperialista de mundo.

Pelos povos indígenas, africanos, muçulmanos, os direitos humanos não são percebidos da mesma forma como são percebidos pelos povos europeus. Também variáveis como "classe, cultura, lugar social" influenciam na maneira de perceber os direitos humanos.

---

[9] CHOMSKY, Avram Noam. *Language and Mind*. Nova York: Harcout, Brace e World, 1968.

O grito por justiça, liberdade, dignidade humana, solidariedade expressa-se por meio das mais diversas línguas faladas no mundo: *Tous les êtres humains naissent libres et égaux en dignité et en droit* (francês) *Toda persona tiene todos los derechos y libertades, sin distinción alguna de raza, color, sexo, idioma, religión, opinión política o de cualquier otra índole* (espanhol). *Ogni individuo ha diritto alla vita, alla libertà, alla sicurezza della própria persona* (italiano). *No one shall be held in slavery or servitude* (inglês). *La família és l'element fonamental de la societat* (catalão, língua do povo catalão). *Muchi tehemet tiwelit, gan inemit mu ixtiya tuamaw* (pipil, língua falada pelo povo indígena Pipil, em El Savador. A tradução deste texto é: Todo ser humano tem o direito de ser, em todos os lugares, reconhecido como pessoa).

Essa multiplicidade de línguas proclamando os direitos humanos vem em socorro da hipótese de um dialético antagonismo de divergência e convergência, ou seja, há um núcleo comum dos direitos humanos e, ao mesmo tempo, há uma percepção diferenciada dos direitos humanos, no seio dos vários povos e das várias culturas.

3. Direitos humanos na voz dos poetas

Também as vozes dos poetas nos ajudam na compreensão desses direitos como ideal que pulsa nas diversas latitudes: *A pena que com causa se padece, a causa tira o sentimento dela, mas muito dói a que se não merece* (Camões, poeta português, num grito de revolta contra a pena injusta). *Vossos filhos não são vossos filhos. Vêm através de vós, mas não de vós. E, embora vivam convosco, não vos pertencem. Podeis outorgar-lhes vosso amor, mas*

– 33 –

não vossos pensamentos, porque eles têm seus próprios pensamentos (Gibran Khalil Gibran, poeta libanês, exaltando a grandeza da individualidade).

A linguagem da poesia é universal. Também o poeta brasileiro abre as janelas do mundo: *Eu sou aquele que disse – os homens serão unidos se a terra deles nascida for pouso a qualquer cansaço* (Mário de Andrade, num hino à solidariedade). *Auriverde pendão de minha terra, que a brisa do Brasil beija e balança, antes te houvessem roto na batalha, que servires a um povo de mortalha* (Castro Alves, mostrando sua indignação diante da bandeira brasileira hasteada num navio negreiro). *Se discordas de mim, tu me enriqueces, se és sincero, e buscas a verdade, e tentas encontrá-la como podes* (Hélder Câmara, bispo, profeta, poeta, exaltando o direito à discordância). *Folha, mas viva na árvore, fazendo parte do verde. Não a folha solta, bailando no vento a canção da agonia* (Thiago de Mello, enaltecendo a luta coletiva).

No tributo aos direitos humanos não estiveram silentes as vozes de poetas brasileiros nascidos no meu estado do Espírito Santo: *Seja a corte civil ou marcial, que mão lavra a sentença quando o juiz presente sobre a toga forte espada suspensa?* (Geir Campos, profligando o desrespeito à independência da justiça pela força da espada). *Esta sensibilidade, que é uma antena delicadíssima, captando todas as dores do mundo, e que me fará morrer de dores que não são minhas* (Newton Braga, celebrando a fraternidade).

Da mesma forma que acontece em relação às línguas, a presença da poesia, na proclamação dos direitos humanos, tem o sentido simbólico da busca de horizontes acima de fronteiras.

4. Direitos humanos:
construção de toda a Humanidade

Os direitos humanos, na sua linha central, desenham-se como uma construção da Humanidade, de uma imensa multiplicidade de culturas. Como não são estáticos, a sua elaboração continua no fluxo da História.

Consolidar a ideia de direitos humanos fundamentais é uma exigência para que a Humanidade possa sobreviver, sem se desnaturar. É preciso estar atento à pregação de uma cultura anti-humana, ao lado da cultura humana pela qual lutamos.

Às vezes essa cultura anti-humana estabelece uma tal ruptura de diálogo e compreensão que mundos antagônicos se organizam. A cultura anti-humana tem seus próprios códigos, estabelece um isolamento.

A defesa dos princípios fundamentais de humanismo e direito não será feita pela imposição. O caminho será o diálogo, o intercâmbio de ideias, a discussão franca, a tentativa de entender a opinião que nos pareça absurda. Especial cuidado merece a educação para os direitos humanos: na escola, por meio da imprensa, das igrejas.

É um grande caminho, mas caminhar é preciso, construir é preciso, sonhar é preciso.

Questões para Revisão da Primeira Parte

A) Questões para verificar a aprendizagem

1. Faça um resumo de um dos cinco capítulos desta Primeira Parte.

2. Por que o autor diz que o interesse pelos direitos humanos não está restrito aos juristas?

3. Que trecho ou colocação desta Primeira Parte parece mais importante ou interessante segundo a sua percepção ou do seu grupo?

B) Questões para aprofundar o conhecimento

1. Entreviste militantes de organizações de direitos humanos sobre a situação de respeito a tais direitos no seu estado ou município.

2. Desenvolva esta ideia de Norberto Bobbio: *"A efetivação de uma maior proteção dos direitos humanos está ligada ao desenvolvimento global da civilização humana"*.

3. Individualmente ou como trabalho em grupo, tente identificar os equívocos na compreensão dos direitos humanos na sua cidade ou estado.

4. Com base no que foi escrito neste livro e recorrendo a outras fontes, expresse sua opinião sobre linchamentos (trabalho individual ou em grupo).

5. Desenvolva esta ideia colocada pelo autor: *"Há um núcleo comum universal dos direitos humanos"*.

● ● ●
Segunda Parte

História
dos Direitos Humanos
no Mundo

6. Direitos humanos na Antiguidade, para consumo interno e para os nacionais puros – Proclamações feudais de direitos

1. Direitos humanos na Antiguidade

Em um sentido próprio, em que se conceituem como direitos humanos quaisquer direitos atribuídos a seres humanos, pode ser apontado o reconhecimento de tais direitos na Antiguidade: no Código de Hamurábi (Babilônia, século XVIII antes de Cristo), no pensamento de Amenófis IV (Egito, século XIV a.C.), na filosofia de Mêncio (China, século IV a.C.), na República de Platão (Grécia, século IV a.C.), no Direito Romano e em inúmeras civilizações e culturas ancestrais.[10]

Na Antiguidade, não se conhecia o fenômeno da limitação do poder do Estado. As leis que organizavam os Estados não atribuíam ao indivíduo direitos frente ao poder estatal. Quando

---

[10] LIMA, João Batista de Souza. *As Mais Antigas Normas de Direito*. Rio de Janeiro: Forense. 1983.

Aristóteles definiu "constituição", tinha diante de si esse tipo de legislação.[11]

Não obstante tenha sido Atenas o berço de relevante pensamento político, não se imaginava então a possibilidade de um estatuto de direitos oponíveis ao próprio Estado. A formação da Pólis foi precedida da formação de um território cultural, como notou François de Polignac. Este balisou os limites da cidade grega.[12]

Sem garantia legal, os direitos humanos padeciam de precariedade na estrutura política. O respeito a eles ficava na dependência da virtude e da sabedoria dos governantes. Entretanto, essa circunstância não exclui a importante contribuição de culturas antigas na criação da ideia de direitos humanos.

Alguns autores pretendem afirmar que a história dos direitos humanos começou com o balisamento do poder do Estado pela lei. Creio que essa visão é errônea. Obscurece o legado de povos que não conheceram a técnica de limitação do poder, mas privilegiaram a pessoa humana nos seus costumes e instituições sociais.

2. A simples técnica de opor freios ao poder não assegura por si só os direitos humanos

A simples técnica de estabelecer, em constituições e leis, a limitação do poder, embora importante, não assegura, por si só, o respeito aos direitos humanos. Assistimos em épocas passadas

---

[11] ARISTÓTELES. *A Constituição de Atenas*. Tradução de Francisco Murari Pires. São Paulo: Editora Hucitec, 1995.
[12] POLIGNAC, François de. *La naissance de la cité grecque*. Paris. La Découvert, col. Textes à l'appui, 1984, p. 150 e seguintes.

e estamos assistindo nos dias de hoje ao desrespeito aos direitos humanos em países onde eles são legal e constitucionalmente garantidos. Mesmo em países com história de longa estabilidade política e tradição jurídica, eles são, em diversas situações concretas, rasgados e vilipendiados.

3. Não devem ser desprezados outros sistemas, que não o da limitação do poder pela lei, para a proteção da pessoa humana

Não nego que o balisamento do poder do Estado pela lei seja uma conquista da cultura, um progresso relevante do direito. Creio que as sociedades políticas avançarão se adotarem o sistema de freio do poder pela lei. Entretanto, não cabe menosprezar culturas que não conheceram (ou não conhecem) a técnica da limitação do poder pela lei, mas possuíram (ou possuem) outros instrumentos e parâmetros valiosos na defesa e proteção da pessoa humana.

4. Direitos humanos para consumo interno

Importante notar que em alguns países do Primeiro Mundo (para manter a nomenclatura arraigada) há uma ideia de direitos humanos apenas para consumo interno. Observa-se nesses casos uma contradição inexplicável: no âmbito interno vigoram os direitos humanos; nas relações com os países dependentes vigoram os interesses econômicos e militares.

Esses interesses justificam a tolerância com as violações dos direitos humanos, no campo diplomático, ou o próprio patrocínio das violações.

Os mesmos interesses econômicos e militares justificam também o patrocínio da guerra, sob a bandeira de paz da ONU.

Para que tais desvios não continuem a acontecer, alguns juristas italianos (Salvatore Senese, Antonio Papisca, Marco Mascia, Luigi Ferrajoli e outros) defendem a constituição de uma nova ordem mundial, não sob o império dos interesses dominantes, mas tendo, ao contrário, como sujeito da História a família humana do presente e do futuro.[13]

5. Direitos humanos para os nacionais "puros"

Outra contradição é as vezes observada no interior de certas nações poderosas: a plena vigência dos direitos humanos, quando se trata de nacionais "puros"; o desrespeito aos direitos humanos, quando as pessoas envolvidas são imigrantes (legais ou clandestinos), minorias raciais e minorias nacionais.

6. A Inglaterra, as proclamações feudais de direitos e a limitação do poder do rei

A Inglaterra deu início ao constitucionalismo – como veio a ser entendido depois – quando em 1215 os bispos e barões impuseram ao rei João Sem Terra a *Magna Carta*. Era o primeiro freio que se opunha ao poder dos reis.

O constitucionalismo inglês desencadeou conquistas que visavam à generalidade das pessoas não obstante a origem feudal dos grandes documentos ingleses. Não eram cartas de liberdade

---

[13] PAPSICA, Antonio e MASCIA, Marco. *Le Relazioni Internazionali nell'era della interdipendenza e dei Diritti Umani.* Padova, Cedam, 1991.

do homem comum, eram contratos feudais escritos e nos quais o rei, como suserano, comprometia-se a respeitar os direitos de seus vassalos. Não afirmavam direitos "humanos", mas direitos de "estamentos". Em consonância com a estrutura social feudal, o patrimônio jurídico de cada um era determinado pelo estamento, ordem ou estado a que pertencesse. Contudo, algumas das regalias alcançadas beneficiaram, desde o início, não apenas os grupos dominantes, mas outras categorias de súditos. Em tais declarações de direitos não se cogitava seu eventual sentido universal: os destinatários das franquias, mesmo aquelas mais gerais, eram homens livres, comerciantes e vilões *ingleses*.[14]

Foi porém um pensador inglês, Locke, com sua fundamentação jusnaturalista, que deu alcance universal às proclamações inglesas de direitos.

---

[14] Cf. os artigos 20 e 39 da Magna Carta, de João sem Terra:

Artigo 20 – Por um delito pequeno, um homem livre só poderá ser punido com multa proporcional a tal delito; por um grande delito poderá ser multado proporcionalmente à gravidade de seu delito, mas sem perder seu feudo. O mesmo acontecerá com os comerciantes, mas sem que sua mercadoria possa ser confiscada; também os vilões serão punidos com multa, sem no entanto perderem seus instrumentos de trabalho. E nenhuma de tais multas será imposta senão baseada no juramento de homens probos e leais das vizinhanças.

Artigo 39 – Nenhum homem livre será detido, nem preso, nem despojado de seus bens, nem posto fora da lei, nem exilado, nem de forma alguma molestado, e não poremos nem mandaremos pôr a mão nele, a não ser em virtude de um julgamento legal por seus pares e segundo a lei do seu país.

(Cf. HERSCH, Jeanne (Org.). *O Direito de Ser Homem*. Rio de Janeiro: Editora Conquista, 1972. Tradução de Homero de Castro Jobim, p. 186-187.)

Já no século XVII, o *habeas corpus*, por exemplo, tinha nítido sentido de universalidade, um direito de todos os homens.

Recorde-se um dos mais belos precedentes da jusrisprudência inglesa: a decisão do juiz Mansfield, que mandou pôr em liberdade James Sommersett, que se encontrava preso num navio ancorado no Rio Tâmisa. Comprado como escravo, ele seria levado para a Jamaica.

Seguindo o voto do juiz Mansfield, a Corte expediu a ordem liberatória, sob o fundamento de que a lei inglesa não tolerava a escravidão no seu território.[15]

Na visão de Locke, o poder político é inerente ao ser humano no estado de natureza. O ser humano transfere esse poder à sociedade política, que o exerce por meio de dirigentes escolhidos. Esse exercício deve permanecer vinculado ao ser humano, origem e sede do poder delegado. Em consequência dessa delegação, o poder deve ser exercido para bem do corpo político.[16]

---

[15] Cf. MANSFIELD. "Affaire Sommersett". 1679. Apud HERSCH, Jeanne (Org.). *O Direito de Ser Homem*. Rio de Janeiro: Editora Conquista, 1972. Tradução de Homero de Castro Jobim.

[16] Cf. LOCKE, John. *Segundo Tratado sobre o Governo*. São Paulo: Ibrasa, 1963.

7. Universalismo das declarações de direitos: contribuições francesa, norte-americana, mexicana, russa e alemã. Limitação do poder: gestação histórica

1. O universalismo das declarações de direitos da Revolução Francesa e da Revolução Norte-Americana

Nas declarações de direitos, resultantes das revoluções americana e francesa, está presente o sentido universal.

Os direitos do homem e do cidadão, proclamados nessa fase histórica, quer na América, quer na Europa, tinham, entretanto, um conteúdo bastante individualista, que consagrava a chamada democracia burguesa.

Apenas na segunda etapa da Revolução Francesa, sob a ação de Robespierre e da força do pensamento de Rousseau, proclamam-se os direitos sociais do homem: direitos relativos ao trabalho e a meios de existência, direito de proteção contra a indigência, direito à instrução (Constituição de 1793.)

Entretanto, a realização desses direitos cabia à sociedade, e não ao Estado. Salvaguardava-se, assim, a ideia, então vigente, de que o Estado devia abster-se frente a tais problemas.[17]

2. A dimensão social do constitucionalismo: a contribuição mexicana, russa e alemã

A dimensão social do constitucionalismo, a afirmação da necessidade de satisfazer os direitos econômicos – ao lado dos direitos de liberdade –, a outorga ao Estado da responsabilidade de prover essas aspirações – são fato histórico do século XX.

A Revolução Mexicana, da mais alta importância no pensamento político contemporâneo, conduz à Constituição de 1917. Esta proclama, pioneiramente no mundo, os direitos do trabalhador.

O México tenta realizar uma reforma agrária por meio da luta dos camponeses e com apoio de brilhantes intelectuais como J. M. Morelos, um precursor do agrarianismo.[18]

A Revolução Russa leva à declaração dos direitos do povo, dos trabalhadores e dos explorados (1918).

A Constituição de Weimar (1917) tenta o acréscimo dos princípios da democracia social, que então se impunha, às franquias liberais do século anterior.

---

[17] Cf. ROBESPIERRE, M. de. "Proposition de déclaration des droits faite au club des Jacobins (21/04/1793). *In:* Moniteur, XVI, p. 214. Apud HERSCH, Jeanne (Org.). *O Direito de Ser Homem.* Rio de Janeiro: Editora Conquista, 1972. Tradução de Homero de Castro Jobim.

[18] Cf. HERZOG, J. S. *El Agrarismo Mexicano y La Reforma Agraria.* México: Cuadernos Americanos, 1959, p. 41 e seguintes.

3. Os interesses das potências industriais e as reivindicações universais do mundo do trabalho

Os interesses econômicos das grandes potências aconselharam o encorajamento das reivindicações dos trabalhadores, em nível universal. Era preciso evitar que países com forças sindicais débeis fizessem concorrência industrial com países onde essas forças eram ativas. Era preciso impedir a vil remuneração da mão de obra operária, em prejuízo das economias então dominantes.

Assim, razões extremamente estreitas e egoístas geraram a contradição de contribuir para o avanço do movimento operário, em escala mundial.

4. A ideia da limitação do poder foi precedida de uma gestação histórica. Não existe um só modelo possível de compreensão, formulação e proteção dos direitos humanos

A ideia da limitação do poder do governante começou a germinar no século XIII. A essência do direito a ser respeitado pelos detentores do poder teve uma longa gestação na História da Humanidade.

A técnica de estabelecer freios ao poder, na linha da tradição ocidental, não é o único caminho possível para a vigência dos direitos humanos e nem tem eficácia, por si só, para que os direitos sejam respeitados, como já foi dito.

Nem é também da essência de um regime de direitos humanos a separação entre o domínio jurídico e os outros domínios da existência humana, como religioso, moral, social etc.

Cada povo tem de ser respeitado na escolha de seu destino e de suas estratégias de viver.

O Ocidente repetirá hoje os mesmos erros do passado se insistir na existência de um modelo único para a expressão e a proteção dos direitos humanos.

É, a meu ver, o erro em que incorre Jean Baechler em alentado e cuidadoso livro. Baechler, valendo-se de pesquisa histórica e etnológica, buscou provar que os valores democráticos integram a natureza humana. Esses valores só foram desprezados onde o homem renunciou a ser ele mesmo. Sem deixar de reconhecer o mérito do trabalho, parece-me que *o homem naturalmente democrático*, desenhado por Baechler, é apenas o *homem ocidental.*[19]

No passado, considerando-se detentores do monopólio da verdade, os europeus praticaram o genocídio contra os povos indígenas e planejaram como legítimo o colonialismo.

Nos dias atuais, Estados Unidos e Europa desrespeitarão a autonomia de destino de cada povo se tentarem impor "sua verdade", "sua economia", "seu modo de vida", "seus direitos humanos".

Em relação ao último item – com o qual fundamentalmente me ocupo neste livro –, deve haver a compreensão das diferenças de histórias, de percepções, de culturas. Daí o acerto da posição defendida por Selim Abou, nas conferências que proferiu no "Collége de France", em maio de 1990, quando subordinou a ideia de direitos humanos à relatividade das culturas.[20]

---

[19] Cf. BAECHLER, Jean. *Démocraties*. Calmann-Lévy, 1985.

[20] Cf. ABOU, Selim. *Droits de l'homme et relativité des cultures.* "Collége de France", 5-1990.

5. Eliminação dos preconceitos, estabelecimento de pontes de comunicação e diálogo

Com a eliminação dos preconceitos, com o estabelecimento de pontes de comunicação e diálogo, avanços poderão ser obtidos, trocas poderão ser feitas, enriquecimento recíproco de culturas poderá ocorrer.

Está com razão Cornelius Castoriadis quando, não obstante exaltando a ruptura do mundo das significações religiosas particulares, reconhece que o modelo que impôs essa ruptura tem também um enraizamento social-histórico particular.[21]

Em um livro sobre a Revolução Iraniana, Paul Vieille e Farhad Khosrokhavar observaram que, nas culturas islâmicas, a esfera política, social, religiosa e o próprio imaginário popular são indissociáveis. A obra desses autores tem dois grandes méritos: deu a palavra ao povo e produziu uma análise percuciente e sem preconceitos do Irã. Foram ouvidos operários, funcionários públicos, professores, comerciantes ambulantes, pequenos comerciantes estabelecidos, motoristas, camponeses e um poeta. Essas pessoas expressaram suas ideias e suas esperanças, com as particularidades de uma cultura, mas com traços tão universalmente humanos que nos levam a pensar: Como podem os poderosos do mundo traçar uma imagem tão caricatural e falsa de um povo tão esplendidamente belo?

A resposta a essa pergunta foi dada antecipadamente por Paul Vieille e Farhad Khosrokhavar, nas conclusões de seu im-

---

[21] Cf. Cornelius Castoriadis, fonte já citada, p. 38.

portante trabalho: "Os muçulmanos são a mais irredutível força de resistência maciça e organizada à hegemonia europeia e americana".[22]

É com essa visão aberta que devemos buscar compreender a história dos direitos humanos no mundo.

---

[22] VIEILLE, Paul e KHOSROKHAVAR, Farhad. *Le discours populaire de la Révolution Iranienne.* Editions Contemporanéité. 2 vols.

8. Emergência do proletariado, dimensão social da democracia e negação dos direitos humanos: causas universais. Esgotada a busca de novos direitos humanos?

1. A emergência do proletariado como força política

Ultrapassados os ideais do liberalismo que inspiraram o Estado dos proprietários, a emergência do proletariado como força política assinalou nova época na história dos direitos humanos.

Já não bastava o "Estado de Direito". Colimava-se o "Estado Social de Direito".

A dimensão social da democracia marcou o primeiro grande salto na conceituação dos direitos humanos.

A afirmação dos direitos sociais derivou da constatação da fragilidade dos direitos liberais, quando o homem, a favor do qual se proclamam liberdades, não satisfez ainda necessidades primárias: alimentar-se, vestir-se, morar, ter condições de saúde, ter condições para enfrentar doenças, idade avançada, desemprego e outros percalços da vida.

2. Oposição entre direitos liberais e direitos sociais. Recíproca absorção de valores por sistemas políticos e econômicos opostos

Numa primeira fase, a reação contra os postulados da democracia liberal consistiu em afirmar os direitos sociais com menosprezo das liberdades clássicas. Pretendia-se libertar o homem da opressão econômica. Tachavam-se de engodo as garantias da democracia liberal, o que era conveniente apenas às classes dominantes, em nada interessando às classes oprimidas.

A declaração russa dos direitos do povo, dos trabalhadores e dos explorados, redigida por Lênin, dá a medida da rebeldia às anteriores declarações de direitos.[23]

Pouco a pouco, de parte a parte, houve uma absorção de valores. Em democracias liberais, contemplaram-se os direitos sociais. Em países socialistas, valorizaram-se franquias liberais.

Nesse momento, quase todos os países socialistas abandonam valores do socialismo e aderem aos valores capitalistas. A guinada pode ser explicada, em parte, pela circunstância de que os valores do socialismo, nesses países, foram impostos, não resultaram de um caminho escolhido pelo povo. No meu entendimento, entretanto, muito cedo essas nações verão que algumas mudanças do momento presente representam um retrocesso. Não me refiro à busca de liberdade, que é sempre um avanço. Refiro-me à troca da visão socialista pela visão capitalista de mundo. É sintomático e triste, por exemplo, segundo minha percepção, que tenham sido celebradas como progresso mudanças de comportamento, no mundo socialista, em direção ao consumismo e às frivolidades.

---

[23] Cf. WALTER, G. *Lénine*. Paris: Julliard, 1950, p. 404 e seguintes.

Quando passar a maré capitalista, talvez o porvir reserve ao mundo um encontro de vertentes. Nesse amanhã, triunfarão as aspirações de maior igualdade no plano econômico – de que as correntes socialistas foram e são defensoras – com as aspirações de liberdade, legado da democracia clássica.[24]

Creio que essas aspirações são perfeitamente compatíveis, harmônicas e interdependentes.

3. Os direitos humanos de terceira e quarta geração

A visão dos direitos humanos, modernamente, não se enriqueceu apenas com a justaposição dos direitos econômicos e sociais aos direitos de liberdade. Ampliaram-se os horizontes.

Surgiram os chamados direitos humanos de terceira geração[25] e os direitos humanos de quarta geração:

a) os direitos dos povos, proclamados em fóruns internacionais, e não apenas os direitos da pessoa humana; a repulsa a qualquer forma de colonialismo; o direito de cada povo a sua autodeterminação;

b) o direito de solidariedade entre os povos; o direito ao desenvolvimento sustentável;

c) o direito à paz;

d) o direito a um ambiente sadio e ecologicamente equilibrado, o direito da natureza;

e) os direitos das gerações futuras;

---

[24] Cf. GORIELY, B. *Les poètes dans la Révolution Russe*. Paris: Gallimard, 1934.

[25] Cf. VASAK, Karel. "A Longa Luta pelos Direitos Humanos". In: *O Correio da Unesco*. Rio de Janeiro: janeiro de 1978, ano 6, n. 1.

f) o direito de propriedade sobre o patrimônio comum da humanidade;

g) o direito da humanidade à preservação ética da vida, com rejeição de qualquer manipulação genética que fira a dignidade humana;

h) os direitos coletivos e difusos, direitos que não se referem ao titular individual, mas aos seres humanos na vida gregária.

4. A negação dos direitos humanos e suas causas internacionais

Assinala-se com veemência cada vez maior que a negação dos direitos humanos, no interior de cada país, não tem apenas causas internas, mas, sobretudo, origem externa: a injustiça no campo das relações internacionais.

O direito comum dos povos a seu desenvolvimento humano integral, proclamado por Paulo VI perante a Organização Internacional do Trabalho, supõe a interpenetração de todos os direitos humanos fundamentais, sobre os quais se baseiam as aspirações de indivíduos e nações, como afirmou o Sínodo dos Bispos instalado em Roma em 1971.[26]

O desenvolvimento exige a instauração, no mundo, de uma ordem social justa. Esta ordem supõe que seja eliminada a exploração sistemática do homem pelo homem e de nação por nação. Nesse sentido foi formulada contundente denúncia da Comissão Pontifícia Justiça e Paz.[27]

---

[26] Cf. COMISSÃO PONTIFÍCIA JUSTIÇA E PAZ. *Justiça no Mundo*. Rio de Janeiro: Civilização Brasileira, 1977, p. 39.

[27] Id., ibid.

5. A superação da fase histórica da exigência de direitos humanos apenas em face do Estado

Na atualidade, não há apenas direitos humanos em face do Estado. Há também direitos reclamáveis pela pessoa em face dos grupos sociais e das estruturas econômicas. E há também direitos reclamáveis por grupos humanos e nações, em nome da pessoa humana, dentro da comunidade universal.

Só haverá o efetivo primado dos direitos humanos com a supremacia dos valores da Justiça no mundo, Justiça que será, por sua vez, a força geradora da paz.

6. Estaria esgotada a fase histórica da busca de novos direitos humanos?

Heleno Cláudio Fragoso manifestou a opinião de que estaria ultrapassada a fase das declarações de direitos e liberdades. Em seu ponto de vista, o que constitui hoje preocupação universal é a criação de um sistema jurídico que assegure, efetivamente, a observância dos direitos e liberdades proclamados.[28]

Na mesma linha de pensamento, Karel Vasak pondera que parece estar completo o trabalho legislativo internacional em matéria de direitos humanos. Observa que de nada adianta

---

[28] FRAGOSO, Heleno Cláudio. *Direito Penal e Direitos Humanos*. Rio de Janeiro: Forense, 1977, p. 123. Heleno Fragoso notabilizou-se, no Brasil, não apenas por suas primorosas obras, mas também por sua luta incansável em favor dos direitos humanos e na defesa de presos políticos, durante a ditadura militar. Sua luta corajosa lhe valeu inclusive dolorosa experiência pessoal. Ele foi vítima de um sequestro, pelas forças que então mandavam e desmandavam em nosso país.

multiplicar textos que encerrem promessas mais ou menos vagas cuja aplicação, no âmbito jurídico interno, deixa a desejar.[29]

Creio que esses autores estão com a razão quando timbram na denúncia de direitos proclamados que não encontram correspondência na realidade social.

As proclamações solenes de direitos sofrem o perigo de um desgaste contínuo quando se percebe o abismo existente entre os postulados e a situação concreta.

Reclama-se, assim, como reivindicação incontornável da consciência jurídica internacional, a efetivação dos direitos humanos. É indispensável a criação de mecanismos eficazes que promovam e salvaguardem o império desses direitos na civilização atual.

Contudo, se apoiamos esses autores no núcleo central da afirmação que fazem, não nos parece exato concluir que a fase da proclamação de direitos esteja encerrada.

A História é movimento dialético, a ampliação de direitos não se esgota. Novos direitos estão sendo reclamados, minorias tomam consciência de sua dignidade. Há um dinamismo criativo de novos direitos.

Como sublinhou Paulo Bonavides:

Somente a partir do advento histórico da concepção, hoje em ascensão, de Estado de Direito atado ao princípio da constitucionalidade, que *deslocou para o respeito dos direitos fundamentais o centro de gravidade da ordem jurídica*, compreende-se o conteúdo do princípio da proporcionalidade, sendo o controle por este efetuado o próprio

---

[29] Cf. Karel Vasak, op. cit.

controle de constitucionalidade. A inconstitucionalidade ocorre enfim quando a medida é 'excessiva', 'injustificável', ou seja, não cabe na moldura da proporcionalidade.[30]

Tal colocação tem muitos desdobramentos.

Leitura complementar

DIREITO HUMANITÁRIO

Uma longa luta travaram e travam mulheres e homens, grupos ativistas, profetas e mártires para afirmar o primado do direito contra a barbárie.

Ao lado dos direitos humanos e dos direitos dos povos, vigora o chamado "direito humanitário".

O direito humanitário busca salvaguardar o mínimo de ética nos palcos de guerra. É este direito que estabelece o caráter intocável de qualquer lugar onde esteja presente a Cruz Vermelha Internacional. A Cruz Vermelha está acima de nações, partidos ou facções. Onde haja um ferido de guerra, ali estará a Cruz Vermelha para prestar assistência humanitária.

Outras instituições internacionais recebem hoje o mesmo tratamento da Cruz Vermelha, como os Médicos sem Fronteiras.

Também o direito humanitário estabelece o respeito ao militar já abatido no confronto das armas, por ferimento que o impossibilite de combater, bem como o resguardo daquele que foi feito prisioneiro. É inominável covardia, repudiada pelo direito humanitário, tripudiar sobre o ferido ou sobre aquele já submetido à condição de prisioneiro de guerra.

---

[30] BONAVIDES, Paulo. *Curso de Direito Constitucional.* 11ª ed. São Paulo: Malheiros, 2001, p. 361-362.

O direito humanitário prescreve ainda que nunca sejam lançados bombardeios sobre populações civis.

Os crimes que se praticam contra o direito humanitário são considerados crimes de guerra. Lamentavelmente, só os que perdem a guerra são julgados pelos seus crimes. Os vencedores julgam-se isentos de responsabilidade pelos crimes contra a Humanidade em que incorreram.

Bebi todos esses conceitos durante o curso de minha existência:

– na Casa do Estudante de Cachoeiro de Itapemirim – como cito em outro espaço deste livro;

– no contato com meu avô materno, que foi magistrado em Santa Catarina e que, na velhice, tornou-se um militante pacifista (datilografei para ele, a partir de originais manuscritos, dois de seus livros: *O Sol do Pacifismo* e *A Civilização e sua Soberania*);

– nas aulas da Faculdade de Direito do Espírito Santo, com Ademar Martins, professor de Teoria Geral do Estado, de toda uma geração acadêmica.

Como é triste ver o direito humanitário esmagado nessa quadra da História. Esmagado pelos que jogaram bombas nas torres de Nova York matando milhares de pessoas. Esmagado pelo país que foi vítima dessa agressão e que, em revide, praticou repetidos ataques contra países árabes, vitimando populações civis, incluindo crianças, doentes e velhos. (Uma jornalista inglesa registrou o lançamento de uma bomba sobre uma maternidade em Bagdá.)

Mas não importa se temos o poder de nos opor a essas negações do *mínimo ético* que é exigido mesmo quando países estão em confronto bélico. Falar, podemos; protestar, podemos; e nunca deveremos calar-nos quando a consciência ética exigir de nós uma posição.

Questão para Revisão da Segunda Parte

A) Questões para verificar a aprendizagem

1. Faça um resumo de um dos três capítulos desta Segunda Parte.

2. Que colocação do autor nesta Segunda Parte você destacaria como a mais importante?

3. Faça um relato sobre os direitos humanos na Antiguidade buscando outras fontes além do que foi lido neste livro.

4. O que o autor pretende significar quando fala na *emergência do proletariado* na história dos direitos humanos?

B) Questões para aprofundar o conhecimento

1. Pesquise e redija um texto: havia ideia de *direitos humanos* no mundo feudal?

2. Desenvolva o tema: a Revolução Francesa e os direitos humanos.

3. Pesquise a contribuição do México para o desenvolvimento dos ideais de direitos humanos.

4. Amplie as informações e a reflexão do autor recorrendo às fontes de que puder dispor. O que é e qual a importância do direito humanitário?

Terceira Parte

História dos Direitos Humanos no Brasil

9. Os direitos humanos e a Constituição Imperial

1. A outorga da Constituição Imperial

A Constituição Imperial (1824) foi outorgada após a dissolução da Constituinte. Essa dissolução causou grande desaponto às correntes liberais do pensamento político brasileiro.

O movimento em prol da constitucionalização do Brasil teve um momento decisivo no Rio de Janeiro. Foi quando o Senado da Câmara apresentou veemente formulação perante o Príncipe Regente D. Pedro I.

Por meio de documento incisivo, a representação política do Rio de Janeiro manifestava seu desagrado ante à circunstância de serem as Províncias de nosso país regidas por leis elaboradas "a duas mil léguas de distância", ou seja, em Portugal.

A importância dessa manifestação é realçada por José Honório Rodrigues na obra que escreveu sobre a Assembleia Constituinte de 1823.[31]

---

[31] Cf. RODRIGUES, José Honório. *A Assembleia Constituinte de 1823*. Petrópolis: Editora Vozes, 1974, p. 22.

A Assembleia Constituinte de 1823 escreveu uma página importante na História do Brasil. Foi fiel às grandes causas nacionais, segundo José Honório Rodrigues.[32] Revelou prudência e sabedoria, segundo Aurelino Leal.[33] Deve ter um lugar de honra nos fastos das lutas libertárias da sociedade brasileira, na opinião de Paulo Bonavides e Paes de Andrade.[34]

A dissolução da Assembleia Constituinte mereceu repúdio de muitos, não obstante a maioria ter se dobrado docilmente à vontade do poder dominante.

Na repulsa ao ato de força merece especial destaque a posição de insubmissão assumida por Frei Caneca em Pernambuco. Também houve protestos na Bahia, Ceará, Paraíba e Rio Grande do Norte.

A insatisfação em face do ato ditatorial de D. Pedro I, que dissolveu a Constituinte, desembocou num movimento revolucionário, a Confederação do Equador.[35]

Não obstante, aparentemente derrotado, o ideal constitucionalista jogou um peso importante no ulterior desenvolvimento da história brasileira.

A pregação constitucionalista encurralou D. Pedro I. Mesmo outorgando uma Constituição ao país, não podia o monarca ficar surdo às reivindicações de liberdade que ecoaram na Assembleia Constituinte de 1823.

---

[32] Cf. RODRIGUES, José Honório. *A Assembleia Constituinte de 1823*. Petrópolis: Editora Vozes, 1974, p. 279.

[33] Cf. LEAL, Aurelino. *História Constitucional do Brasil*. Rio de Janeiro: Imprensa Nacional, 1915, p. 9 e 19.

[34] Cf. BONAVIDES, Paulo e ANDRADE, Paes de. *História Constitucional do Brasil*. São Paulo: Editora Paz e Terra, 1991, p. 75.

[35] Cf. ANDRADE, Paulo Bonavides e ANDRADE, Paes de, obra citada na nota anterior, p. 76.

Como consequência, a Constituição Imperial consagrou os principais direitos humanos, como então eram reconhecidos.

2. Uma Constituição liberal e autoritária

A Constituição do Império foi liberal, no reconhecimento de direitos, não obstante autoritária, se examinarmos a soma de poderes que se concentraram nas mãos do Imperador.

A Constituição Imperial reconheceu os direitos individuais como então eram concebidos.

É verdade que instituiu a supremacia do homem-proprietário. Só este era *full-member* (isto é, membro completo) do corpo social. Mas nisso fez coro a Locke e à ideologia liberal.[36]

A força do pensamento liberal burguês era tão forte no Brasil de então que se fazia presente mesmo na vanguarda dos arraiais republicanos. O critério de renda, como pré-requisito para o exercício dos direitos políticos, integrou o credo da República Rio-Grandense (a chamada República de Piratini, um movimento separatista que se opôs à Coroa Imperial).[37]

3. Constituição de 1824 – princípios gerais

Na esteira da Declaração dos Direitos do Homem e do Cidadão, decretada pela Assembleia Nacional Francesa em 1789, a Constituição imperial brasileira afirmou que a inviolabilidade

---

[36] Cf. BARRETO, Vicente. *A Ideologia Liberal no Processo da Independência do Brasil (1789/1924)*. Brasília: Câmara dos Deputados, 1973.

[37] Cf. RUUSSOMANO, Victor. *História Constitucional do Rio Grande do Sul*. Porto Alegre, edição da Assembleia Legislativa do Rio Grande do Sul, 1976, p. 95 e seguintes.

dos direitos civis e políticos tinha por base a liberdade, a segurança individual e a propriedade (artigo 179). Omitiu, contudo, o quarto direito natural e imprescritível, proclamado, ao lado desses três, pelo artigo 2 da Declaração francesa – o direito de resistência à opressão.

Do constitucionalismo inglês a Constituição Imperial brasileira herdou a vedação da destituição de magistrados pelo rei, o direito de petição, as imunidades parlamentares, a proibição de penas cruéis e o direito do homem a julgamento legal.

Estabelecendo uma religião de Estado, a Constituição Imperial afastou-se da Carta francesa de 1789. Também não deu guarida ao artigo 15 da Declaração de 1789. Esse artigo estabelecia ter a sociedade o direito de exigir que todo agente público prestasse contas de sua administração. Nenhuma determinação, nesse sentido, foi incluída na Constituição Imperial que apenas mandava que, na morte do Imperador, ou vacância do trono, procedesse a Assembleia Geral o exame da Administração que acabara, para reformar os abusos nela introduzidos.

Desviando-se dos documentos norte-americanos, coerente com a opção pela forma monárquica de governo, a Constituição de 1824 evitou a menção da ideia de estrita vinculação do governo ao consentimento dos governados.

Atribuiu excessivo peso político ao Imperador, fazendo-o detentor de Poder Moderador. A inscrição de um Poder Moderador na arquitetura do sistema político enfraqueceu os partidos políticos, na opinião de Afonso Arinos de Melo Franco. Esse publicista comparou o Poder Moderador a uma chave com a qual D. Pedro I abria qualquer porta, inclusive as portas do partido liberal e do partido conservador.[38]

Também na mesma linha de repúdio ao autoritarismo imperial dirige-se o julgamento de Paulo Bonavides e Paes de Andrade. Pensam esses autores que a Constituição de 1824 tinha um potencial de autoritarismo e irresponsabilidade concentrado na esfera de arbítrio do Poder Moderador.[39]

O autoritarismo do primeiro reinado só cedeu aos avanços democráticos no período da Regência.

A Regência, na opinião de Joaquim Nabuco, foi um ótimo período da vida nacional. Trouxe o fortalecimento do poder civil em oposição ao despotismo militar. Sagrou-se como uma fase de integridade e desprendimento na vida pública do país.[40] Foi um período fecundo de consolidação das liberdades constitucionais, segundo Paulo Bonavides e Paes de Andrade. Essas entraram na consciência representativa nacional de forma estável por todo o segundo reinado.[41]

A Constituição de 25 de março de 1824 vigorou até 15 de novembro de 1889, ou seja, durante mais de 65 anos.

---

[38] FRANCO, Afonso Arinos de Melo. *O Pensamento Constitucional Brasileiro.* Brasília: Câmara dos Deputados, 1978, p. 36-37.

[39] Cf. BONAVIDES, Paulo e ANDRADE, Paes de. *História Constitucional do Brasil.* São Paulo: Editora Paz e Terra, 1991, p. 109.

[40] Cf. NABUCO, Joaquim. *Um Estadista do Império – Nabuco de Araújo.* Rio de Janeiro: sem data, tomo I, p. 28 e seguintes.

[41] Cf. BONAVIDES, Paulo e ANDRADE Paes de. *História Constitucional do Brasil.* São Paulo: Editora Paz e Terra, 1991, p. 124.

4. Franquias asseguradas pela Constituição de 1824

As principais franquias asseguradas pela Constituição de 1824 foram as seguintes:

– liberdade de expressão do pensamento, inclusive de imprensa, independentemente de censura;
– liberdade de convicção religiosa e de culto privado, contanto que fosse respeitada a religião do Estado;
– inviolabilidade da casa;
– proibição de prisão sem culpa formada, exceto nos casos declarados em lei, exigindo-se, contudo, nesta última hipótese, nota de culpa assinada pelo juiz;
– exigência de ordem escrita da autoridade legítima para a execução da prisão, exceto para flagrante delito;
– punição da autoridade que ordenasse prisão arbitrária, bem como de quem a tivesse requerido;
– exigência de lei anterior e autoridade competente para sentenciar alguém;
– independência do poder judicial;
– igualdade de todos perante a lei;
– possibilidade de acesso de todos os cidadãos aos cargos públicos;
– proibição de foro privilegiado;
– abolição dos açoites, tortura, marca de ferro quente e todas as demais penas cruéis;
– proibição de passar a pena da pessoa do delinquente e, em consequência, proibição do confisco de bens e da transmissão da infâmia a parentes;

– 68 –

– garantia de cadeias limpas e bem arejadas, com diversas casas para a separação dos réus, conforme circunstâncias e natureza dos crimes;

– direito de propriedade;

– liberdade de trabalho;

– inviolabilidade do segredo das cartas;

– direito de petição e de queixa, inclusive de promover a responsabilidade dos infratores da Constituição;

– instrução primária gratuita.

10. Primeira Constituição Republicana e os direitos humanos

1. Constituição de 1891 – corpo jurídico do regime republicano

A Constituição de 24 de fevereiro de 1891 buscou corporificar juridicamente o regime republicano instituído com a Revolução que derrubou a Coroa.

Os princípios que essa Constituição esposou tiveram uma longa gestação no pensamento político brasileiro. O espírito da Constituição forjou-se durante todo o período da propaganda republicana. Teve antecedentes na República Rio-Grandense e na Constituinte de Alegrete que tentou moldar em texto legal os ideais da Guerra dos Farrapos. Os constituintes gaúchos, em seu projeto de Constituição, prometiam justamente um regime de governo baseado na liberdade, na igualdade e na Justiça. Esses ideais foram retomados pelos constituintes republicanos.[42]

---

[42] Cf. RUSSOMANO, Victor. *História Constitucional do Rio Grande do Sul*. Porto Alegre: edição da Assembleia Legislativa do Rio Grande do Sul, 1976. Cf. BONAVIDES, Paulo e ANDRADE Paes de. *História Constitucional do Brasil*. São Paulo: Editora Paz e Terra, 1991, p. 175 e seguintes.

2. Princípios básicos da Constituição de 1891 numa visão preliminar

A Constituição Republicana instituiu o sufrágio direto para a eleição de deputados, senadores, presidente e vice-presidente da República. Estendeu, implicitamente, esse preceito aos cargos eletivos estaduais, por força da disposição que mandava os estados respeitarem os princípios constitucionais da União.

Seriam eleitores os cidadãos maiores de 21 anos que se alistassem na forma da lei.

Pela Constituição estavam livres do alistamento mendigos, analfabetos, praças de pré e religiosos sujeitos a voto de obediência.

Foi abolida a exigência de renda proveniente de bens de raiz, comércio, indústria ou artes como critério de exercício dos direitos políticos.

Contudo, continuou nas mãos dos fazendeiros, como no Império, o primado da força econômica, e foi estabelecido o voto a descoberto – o sufrágio direto não mudou as regras de distribuição do poder. Os coronéis continuaram detendo a política local. Por meio desta influíam, decisivamente, na representação parlamentar e na escolha dos titulares das mais altas funções públicas. O poderio econômico do campo mantinha a dependência do comércio, das profissões liberais e da máquina administrativa aos interesses rurais. Todas essas forças perfilavam ao lado do fazendeiro nas questões mais decisivas.

A primeira Constituição republicana sedimentou o pacto liberal-oligárquico, segundo a opinião de Paulo Bonavides e Paes de Andrade.[43]

---

[43] Cf. BONAVIDES, Paulo e ANDRADE, Paes de. *História Constitucional do Brasil*. São Paulo: Editora Paz e Terra, 1991, p. 250.

3. Os direitos humanos na Constituição que a República gerou

Não obstante a realidade socioeconômica, que restringia o poder a camadas privilegiadas, a primeira Constituição republicana ampliou os direitos humanos, além de manter as franquias já reconhecidas no Império:

– extinguiram-se os títulos nobiliárquicos;
– separou-se a Igreja do Estado e estabeleceu-se a plena liberdade religiosa;
– consagrou-se a liberdade de associação e de reunião sem armas;
– assegurou-se aos acusados a mais ampla defesa;
– aboliram-se as penas de galés, banimento judicial e morte;
– criou-se o *habeas corpus* com a amplitude de remediar qualquer violência ou coação por ilegalidade ou abuso de poder;
– instituíram-se as garantias da magistratura (vitaliciedade, inamovibilidade e irredutibilidade de vencimentos) mas, expressamente, só em favor dos juízes federais.

4. A reforma constitucional de 1926

A reforma constitucional de 1926 restringiu o *habeas corpus* aos casos de prisão ou constrangimento ilegal na liberdade de locomoção. Estendeu expressamente à Justiça dos Estados as garantias asseguradas à magistratura federal.

Regulando os casos e condições em que se podia efetivar a intervenção federal nos estados, a reforma de 1926 procurou remediar abusos que eram praticados pela União nesta matéria.

A reforma, entretanto, não atendeu plenamente as exigências daqueles que há muito percebiam a inadequação da Constituição de 1891 à real instauração de um regime republicano no Brasil. Dentre as vozes que denunciavam o malogro da arquitetura nacional da Primeira República, Afonso Arinos realça João Mangabeira (representante da Bahia), Herculano de Freitas (São Paulo) e Gilberto Amado (Sergipe). O mesmo Afonso Arinos de Melo Franco observa que 1926 acudiu com atraso a necessidade de alteração dos rumos constitucionais da primeira república.[44]

A Constituição de 24 de fevereiro de 1891, com as emendas de 1926, vigorou até 24 de outubro de 1930, ou seja, quase 40 anos.

---

[44] Cf. ARINOS, Afonso. *Curso de Direito Constitucional Brasileiro*. Rio de Janeiro: Forense, 1960, p. 155 e seguintes.

11. Os direitos humanos, a Revolução de 1930, a Constituição de 1934 e o arremedo de Constituição de 1937

1. Os direitos humanos e a primeira fase da Revolução de 1930

Com a Revolução de 1930, adveio o discricionarismo. O Decreto n. 19.398, de 11 de novembro de 1930, passou a exercer o papel da autêntica Constituição do país. Arremedo de Constituição, esclareça-se bem, pois uma verdadeira Constituição não pode nascer do arbítrio. Esse Decreto, entretanto, fez o papel de Constituição porque deu o fundamento de toda a estrutura do regime. Por essa razão, Afonso Arinos chamou o Decreto n. 19.398 de Constituição provisória.[45]

Dissolveram-se o Congresso Nacional, as Assembleias Legislativas e as Câmaras Municipais. A magistratura perdeu suas garantias. Foram suspensas as franquias constitucionais. O *habeas corpus* foi amesquinhado, uma vez que mantido apenas em

---

[45] FRANCO, Afonso Arinos de Melo. *Curso de Direito Constitucional Brasileiro*. Rio de Janeiro: Forense, 1960, vol. 2.

– 75 –

favor de réus ou acusados em processos de crimes comuns, excluída a proteção multissecular nos casos de crimes funcionais e nos de competência dos tribunais especiais.

A Revolução de 1930 foi feita em nome da legitimidade democrática. O idealismo de jovens tenentes e de algumas lideranças civis pretendia realmente sanear os vícios da primeira República. Mas, chegada ao poder, a Revolução de 1930 esqueceu seus compromissos. Os direitos humanos se tornaram completamente obscuros.

Como decorrência desse desvio da pregação revolucionária de 1930, irrompeu em São Paulo a Revolução Constitucionalista. Esse movimento, de armas na mão, cobrou dos que se instalaram no poder o cumprimento das promessas feitas nos comícios: verdade democrática, justiça social e modernização do país. O programa revolucionário não estava sendo seguido por aqueles que prometeram e tinham o poder de decisão nas mãos.

2. A Constituição de 1934 e os direitos humanos

A Revolução Constitucionalista de 1932 e as vozes que se levantaram contra a prepotência precipitaram a convocação da Assembleia Constituinte em 1933.

Vencidos no embate das armas, os paulistas foram historicamente vencedores. Graças a sua resistência, o arbítrio de 1930 teve de ceder.

Antecedendo os trabalhos da Constituinte, um projeto de Constituição foi elaborado por uma comissão que ficou conhecida como Comissão do Itamarati. Recebeu esse nome porque se reunia no Palácio do Itamarati.

A Comissão do Itamarati foi nomeada pelo governo provisório. Dela faziam partes figuras destacadas do mundo político e jurídico do país, como Afrânio Melo Franco, Carlos Maximiliano, José Américo de Almeida, Temístocles Cavalcanti e João Mangabeira. Este último exerceu um singular papel de vanguarda advogando, na Comissão do Itamarati, as teses mais avançadas da época.[46]

O anteprojeto constitucional foi bastante discutido no interior da Assembleia Constituinte. A participação popular foi, entretanto, bastante reduzida. Um dos motivos dessa carência de participação foi a censura à imprensa. Essa censura vigorou durante todo o período de funcionamento da Constituinte, o que constitui um contrassenso.

Apesar da censura à imprensa, extremamente deplorável, a Constituição de 1934 restabeleceu as franquias liberais, suprimidas pelo período autoritário que se seguiu à Revolução de 1930. São dessas contradições frequentes na História: da escuridão nasce a luz, do silêncio decretado brota a palavra livre. Assim a Constituição de 1934, que, mesmo funcionando em condições adversas, ampliou franquias.

3. Franquias da Constituição de 1934

A Constituição de 1934:

– determinou que a lei não prejudicaria o direito adquirido, o ato jurídico perfeito e a coisa julgada;

– explicitou o princípio da igualdade perante a lei, estatuindo que não haveria privilégios nem distinções, por motivo de

---

[46] Cf. Reis, Antônio Marques dos. *Constituição Federal Brasileira de 1934.* Rio de Janeiro: 1934. Cf. Mangabeira, João. *Em Torno da Constituição.* São Paulo: 1934. Cf. Mangabeira, Francisco. *João Mangabeira: República e Socialismo no Brasil.* Rio de Janeiro: Editora Paz e Terra, 1979.

nascimento, sexo, raça, profissão própria ou dos pais, riqueza, classe social, crença religiosa ou ideias políticas;

– instituiu a obrigatoriedade de comunicação imediata de qualquer prisão ou detenção ao juiz competente para que a relaxasse, se ilegal;

– manteve o *habeas corpus*, para proteção da liberdade pessoal, e instituiu o mandado de segurança, para defesa do direito, certo e incontestável, ameaçado ou violado por ato manifestamente inconstitucional ou ilegal de qualquer autoridade;

– vedou a pena de caráter perpétuo e proibiu a prisão por dívidas, multas ou custas:

– impediu a extradição de estrangeiro por crime político ou de opinião e, em qualquer caso, a de brasileiros;

– criou a assistência judiciária para os necessitados;

– determinou às autoridades a expedição de certidões requeridas, para defesa de direitos individuais ou para esclarecimento dos cidadãos a respeito dos negócios públicos;

– atribuiu a todo cidadão legitimidade para pleitear a declaração de nulidade ou anulação dos atos lesivos do patrimônio da União, dos Estados ou dos Municípios.

4. A Constituição de 1934 e a proteção social do trabalhador

A par das garantias individuais, a Constituição de 1934, inovando no direito brasileiro, estatuiu normas de proteção social do trabalhador. Para esse fim, esposou os seguintes princípios:

– proibição de diferença de salário para um mesmo trabalho, por motivo de idade, sexo, nacionalidade ou estado civil;

– salário mínimo capaz de satisfazer às necessidades normais do trabalhador;

– limitação do trabalho a oito horas diárias, só prorrogáveis nos casos previstos em lei;

– proibição de trabalho a menores de 14 anos, de trabalho noturno a menores de 16 e em indústrias insalubres a menores de 18 anos e a mulheres;

– repouso semanal, de preferência aos domingos;

– férias anuais remuneradas;

– indenização ao trabalhador dispensado sem justa causa;

– assistência médica à gestante, assegurada a ela descanso antes e depois do parto, sem prejuízo do salário e do emprego;

– instituição de previdência, mediante contribuição igual da União, do empregador e do empregado a favor da velhice, da invalidez, da maternidade e nos casos de acidentes de trabalho ou de morte;

– regulamentação do exercício de todas as profissões;

– reconhecimento das convenções coletivas de trabalho;

– obrigatoriedade das empresas localizadas fora dos centros escolares de ministrar ensino primário gratuito, desde que nelas trabalhassem mais de 50 pessoas, havendo, pelo menos, 10 analfabetos;

– criação da Justiça do Trabalho, vinculada ao Poder Executivo.

5. A Constituição de 1934 e os direitos culturais

Também cuidou a Constituição de 1934 dos direitos culturais, sufragando os seguintes princípios, dentre outros:

– direito de todos à educação, com a determinação de que esta desenvolvesse, num espírito brasileiro, a consciência da solidariedade humana;

– obrigatoriedade e gratuidade do ensino primário, inclusive para os adultos, e tendência à gratuidade do ensino ulterior ao primário;

– liberdade de ensino e garantia da cátedra.

6. Visão geral da Constituição de 1934

Juízo bastante positivo sobre a Constituição de 1934 é lavrado por Paulo Bonavides e Paes de Andrade. Pensam esses autores que tal Constituição guiava o pensamento da sociedade e a ação do governo para um programa de leis cujo valor maior recaía no bem comum.[47]

Instituindo a Justiça Eleitoral e o voto secreto, abrindo os horizontes do constitucionalismo brasileiro para os direitos econômicos, sociais e culturais, creio que a Constituição de 1934 abriria nova fase do país, não fosse sua breve vida e a sua substituição pela Carta reacionária de 1937.

A Constituição de 1934 – que respeitou os direitos humanos – vigorou até a introdução do Estado Novo, em 10 de novembro de 1937, ou seja, durante mais de três anos.

7. O Estado Novo não merece um capítulo sobre direitos humanos

Não precisamos gastar um capítulo para julgar o Estado Novo à luz da ideia de direitos humanos. Basta esta seção.

---

[47] Cf. BONAVIDES, Paulo e ANDRADE, Paes de. *História Constitucional do Brasil.* São Paulo: Editora Paz e Terra, 1991, p. 9.

O Estado Novo institucionalizou o autoritarismo. O Parlamento e as Assembleias foram fechados. A Carta de 1937 previu a existência de um Poder Legislativo, mas as eleições para a escolha de seus membros não foram convocadas. Deteve o presidente da República, até a queda do Estado Novo, o poder de expedir decretos-leis, previstos no artigo 180 da Carta.

A magistratura perdeu suas garantias (artigo 177). Um tribunal de exceção – o Tribunal de Segurança Nacional – passou a ter competência para julgar os crimes contra a segurança do Estado e a estrutura das instituições (artigo 172). Leis eventualmente declaradas contrárias à própria Constituição autoritária, por juízes sem garantias, ainda assim podiam ser validadas pelo presidente (artigo 96, único, combinado com o artigo 180).

A Constituição declarou o país em estado de emergência (artigo 180), com suspensão da liberdade de ir e vir, censura da correspondência e de todas as comunicações orais e escritas, suspensão da liberdade de reunião, permissão de busca e apreensão em domicílio (artigo 168, letras *a, b, c* e *d*).

Em tal ambiente jurídico e político, mesmo as garantias individuais mantidas perderam sua efetividade. Foram contagiadas pelo gérmen autoritário até as garantias que não representavam qualquer risco para o regime vigente.

Durante esse período de trevas na vida nacional, os direitos humanos não vigoraram. O Estado Novo durou oito anos.

12. Direitos humanos: 1946 marca a volta do Estado de Direito, 1964 assinala o início de uma longa ditadura

1. 1946 e a volta do Estado de Direito – recuperação da ideia de direitos humanos

Em 1946, o país foi redemocratizado.

A Constituição de 18 de setembro de 1946 restaurou os direitos e garantias individuais que foram, mais uma vez, ampliados, em comparação com o texto constitucional de 1934.

Criou-se, através do artigo 141, parágrafo 4º, o princípio da ubiquidade da Justiça, nestes termos:

"A lei não poderá excluir da apreciação do Poder Judiciário qualquer lesão de direito individual".

Segundo Pontes de Miranda, foi a mais prestante criação do constituinte de 1946.[48]

Foi estabelecida a soberania dos veredictos do júri e a individualização da pena.

---

[48] Cf. MIRANDA, Pontes de. *Comentários à Constituição de 1946*. Rio de Janeiro: Editora Borsoi, 1960, tomo V.

2. Direitos sociais na Constituição de 1946

No que se refere aos direitos sociais, também foram ampliados com a introdução dos seguintes preceitos:

– salário mínimo capaz de atender às necessidades do trabalhador e de sua família;
– participação obrigatória e direta do trabalhador nos lucros da empresa;
– proibição de trabalho noturno a menores de 18 anos;
– fixação das percentagens de empregados brasileiros nos serviços públicos dados em concessão e nos estabelecimentos de determinados ramos do comércio e da indústria;
– assistência aos desempregados;
– obrigatoriedade da instituição, pelo empregador, de conceder o seguro contra acidentes do trabalho;
– direito de greve;
– liberdade de associação profissional ou sindical;
– criação da Justiça do Trabalho como ramo do Poder Judiciário.

Foram mantidos os direitos de salário do trabalho noturno superior ao do diurno e de repouso nos feriados civis e religiosos – inovações (das raras positivas) da Carta de 1937.

3. Constituição Federal de 1946: direitos culturais

No que tange aos direitos culturais, ampliaram-se os de 1934, com o acréscimo das seguintes estipulações:

– gratuidade do ensino oficial ulterior ao primário desde comprovada falta ou insuficiência de recursos;

– obrigatoriedade de as empresas com mais de 100 funcionários manterem o ensino primário para os servidores e respectivos filhos;

– obrigatoriedade de as empresas, em cooperação, ministrarem aprendizagem aos seus trabalhadores menores;

– instituição de assistência educacional, em favor dos alunos necessitados, para lhes assegurar condições de eficiência escolar.

4. Ciclo constitucional de 1946 encerra-se com o golpe de 1.º de abril de 1964

A Constituição de 1946 vigorou, formalmente, até que sobreviesse a Constituição de 1967. Contudo, a partir do golpe, que se autodenominou "Revolução de 31 de março de 1964", sofreu múltiplas emendas e suspensão da vigência de muitos dos seus artigos. Isso aconteceu por força dos Atos Institucionais de 9 de abril de 1964 (posteriormente considerado como o de n. 1) e 27 de outubro de 1965 (Ato Institucional n. 2 ou AI-2).

A rigor, o ciclo constitucional começado em 18 de setembro de 1946 encerrou-se em 1.º de abril de 1964, com quase 18 anos de duração.

Sob o império da Constituição de 1964 estiveram garantidos os direitos humanos.

5. Os direitos humanos na primeira fase da Revolução de 1964

O Ato Inconstitucional da revolução de 31 de março de 1964 deu ao presidente da República poderes para decretar o estado de sítio, sem ouvir o Congresso Nacional (artigo 6). Suspendeu as garantias constitucionais e legais da vitaliciedade e estabilidade e, por conseguinte, também as garantias da magistratura, pelo prazo de seis meses (artigo 7). Deu aos editores do ato, bem como ao presidente da República, que seria escolhido, poderes para, até 60 dias após a posse, cassar mandatos eletivos populares e suspender direitos políticos.

Tais atos foram colocados a descoberto da proteção judiciária (artigos 7, 4).

O Ato Inconstitucional teria vigência até 31 de janeiro de 1966, mas, antes de seu termo, em 27 de outubro de 1965, o presidente da República assinou o Ato Institucional que então foi denominado de n. 2, referendado pelos seus ministros, no qual se declara que a Constituição de 1946 e as Constituições Estaduais e respectivas emendas eram mantidas com as modificações constantes do ato.

Todos os poderes excepcionais do primeiro Ato Institucional foram revividos, conferindo-se ao presidente da República poderes para:

a) decretar o estado de sítio (artigo 13);

b) demitir, remover, dispensar, pôr em disponibilidade, aposentar, transferir para a reserva e reformar os titulares das garantias constitucionais e legais de vitaliciedade, inamovibilidade, estabilidade e exercício em função por tempo certo (artigo 14).

c) cassar mandatos populares e suspender direitos políticos (artigo 15).

Além dessas, conferiu ainda o AI-2 ao presidente as seguintes faculdades:

d) colocar em recesso o Congresso Nacional, as Assembleias Legislativas e as Câmaras de Vereadores (artigo 31);

e) decretar a intervenção federal nos Estados (artigo 17).

Todos os atos praticados estariam ao desabrigo do amparo judicial (artigo 19). Foi também estendido aos civis o foro militar, para repressão do que fosse considerado crime contra a segurança nacional ou as instituições militares (artigo 8).

Os poderes dos atos foram amplamente utilizados, inclusive com a decretação do recesso do Congresso Nacional, em 20 de outubro de 1966, por força do Ato Complementar n. 23.

O Ato Institucional n. 2 vigorou até 15 de março de 1967, quando entrou em vigor a Constituição decretada e promulgada em 24 de janeiro de 1967, Constituição essa que acendeu uma tênue esperança de Democracia, como veremos no capítulo seguinte.

O regime instituído pelos Atos Institucionais 1 e 2 não é compatível com as franquias presentes na Declaração Universal dos Direitos Humanos pelos seguintes fundamentos:

a) os punidos, a muitos dos quais se imputaram atos delituosos, não tiveram o direito de defesa previsto no artigo 19 da Declaração Universal dos Direitos Humanos;

b) o direito de receber dos tribunais nacionais competentes remédio efetivo para os atos eventualmente violadores dos direitos reconhecidos pela Constituição e pela lei, previsto no artigo 8 da Declaração, também foi desrespeitado pelo artigo que revogou o princípio da ubiquidade da Justiça e excluiu de apreciação judiciária as punições da Revolução;

c) o tribunal independente e imparcial, a que todo homem tem direito, não o é aquele em que o próprio juiz está sujeito a punições discricionárias. Assim, a total supressão das garantias da magistratura viola o artigo 10;

d) a exclusão discricionária do grêmio político (suspensão de direitos de cidadão) contraria o artigo 21, que confere a todo homem o direito de participar do governo de seu país.

13. Direitos humanos: Constituição de 1967, esforço para reduzir o arbítrio – AI-5, noite de terror

1. Retrocessos da Constituição de 1967 em cotejo com a Constituição de 1946

Por não ter sido votada por uma Assembleia Constituinte (Constituições promulgadas) e, por outro lado, por não ter sido fruto exclusivo do arbítrio (Constituições outorgadas), creio que podemos definir a Constituição de 1967 como semioutorgada.

Comparada com a Constituição de 1946, a Constituição de 24 de janeiro de 1967, que entrou em vigor a 15 de março desse ano, apresentou graves retrocessos:

a) suprimiu a liberdade de publicação de livros e periódicos ao afirmar que não seriam tolerados os que fossem considerados (a juízo do governo) propaganda à subversão da ordem. (A Constituição de 1967 afirmava, em princípio, que a publicação de livros e periódicos independia de licença do poder público. Enquanto a Constituição de 1946 estabelecia que não seria tolerada a propaganda de processos violentos para subverter a ordem política e social – artigo 141, parágrafo 5º –, a Consti-

– 89 –

tuição de 1967 passou a proibir a propaganda de subversão da ordem, sem exigir a qualificação de "processos violentos" para a incidência da proibição – artigo 150, parágrafo 8º.);

b) restringiu o direito de reunião, facultando à polícia o poder de designar o local para ela. Usando desse poder como artifício, a polícia poderia facilmente impossibilitar a reunião. (A Constituição de 1946, ao determinar que a polícia poderia designar o local para a realização de uma reunião, ressalvava que, assim procedendo, não iria impossibilitá-la. A Constituição de 1967 não reproduziu a ressalva.);

c) estabeleceu o foro militar para os civis (O foro militar, na mesma linha da emenda constitucional ditada pelo Ato Inconstitucional n. 2, estendeu-se aos civis, nos casos expressos em lei, para repressão de crimes contra a segurança nacional ou as instituições militares – artigo 122, parágrafo 1º. Pela Constituição de 1946, o civil só estaria sujeito à jurisdição militar no caso de crimes contra a segurança externa do país ou as instituições militares – artigo 108, parágrafo 1º.);

d) criou a pena de suspensão dos direitos políticos, declarada pelo Supremo Tribunal Federal, para aquele que abusasse dos direitos políticos ou dos direitos de manifestação do pensamento, exercício de trabalho ou profissão, reunião e associação, para atentar contra a ordem democrática ou praticar a corrupção – artigo 151. (Essa competência punitiva do Supremo era desconhecida pelo Direito Constitucional brasileiro.);

e) manteve todas as punições, exclusões e marginalizações políticas decretadas sob a égide dos atos institucionais. (O reencontro do caminho democrático só começou com a Anistia, conquistada em 1979, porque foi justamente ela que acabou com os efeitos de todas essas medidas ditatoriais.);

– 90 –

f) em contraste com as determinações restritivas menciona-
das nas letras anteriores, a Constituição de 1967 determinou
que se impunha a todas as autoridades o respeito à integridade
física e moral do detento e do presidiário, preceito que não exis-
tia, explicitamente, nas Constituições anteriores. (Esse artigo
foi repetido na Constituição de 1988. A eficácia do artigo, na
Constituição de 1967, ficou entretanto anulada em vista do
clima geral de redução de liberdade e a consequente impossibi-
lidade de denúncia dos abusos que ocorressem.).

2. A Constituição de 1967 e os direitos sociais

No que diz respeito aos direitos sociais, a Constituição de
1967 inovou em alguns pontos.

Registrem-se como inovações contrárias ao trabalhador: a
redução para 12 anos da idade mínima de permissão do trabalho; a supressão da estabilidade, como garantia constitucional, e
o estabelecimento do regime de fundo de garantia, como alternativa; as restrições ao direito de greve; a supressão da proibição
de diferença de salários, por motivo de idade e nacionalidade, a
que se referia a Constituição anterior.

Em face de tão imensos retrocessos, a Constituição de 1967 pretendeu compensar os trabalhadores com pequeninas vantagens.

Colhem-se como modestas inovações favoráveis ao trabalhador
as seguintes: inclusão, como garantia constitucional, do direito ao
salário-família, em favor dos dependentes do trabalhador; proibição de diferença de salários também por motivo de cor, circunstância a que não se referia a Constituição de 1946; participação do
trabalhador, eventualmente, na gestão da empresa; aposentadoria
da mulher, aos 30 anos de trabalho, com salário integral.

3. Constituição de 1967: afrontou lei sociológica que aponta para a ampliação dos direitos sociais; representou esforço de redução do arbítrio; não comungava com a ideologia dos direitos humanos

A Constituição de 1967 afrontou a lei sociológica que aponta, invariavelmente, para a ampliação de direitos dos trabalhadores.

Ela representou um esforço de redução do arbítrio contido nos Atos Institucionais que se seguiram à Revolução de 1964. Tentou não se distanciar em demasia do figurino constitucional de 1946. Sua dose de autoritarismo não se compara com o panorama de completo arbítrio criado pelo Ato Institucional n. 5, que caiu depois sobre o Brasil, no fatídico 13 de dezembro de 1968.

Entretanto, mesmo com todas as ressalvas, a Constituição de 1967 não se harmonizou com a doutrina dos direitos humanos pelas seguintes razões:

– restringiu a liberdade de opinião e expressão;
– deixou o direito de reunião descoberto de garantias plenas;
– estendeu o foro militar aos civis, nas hipóteses de crimes contra a segurança interna (ou seja, segurança do próprio regime imperante);
– fez recuos no campo dos direitos sociais;
– manteve as punições, exclusões e marginalizações políticas decretadas sob a égide dos atos institucionais.

Também a Constituição de 1967, formalmente, teve vigência até sua substituição pela Carta de 17 de outubro de 1969. Contudo, a rigor, vigorou apenas até 13 de dezembro de 1968, quando foi baixado o Ato Inconstitucional n. 5.

O Ato Inconstitucional n. 5 manteve a Constituição de 1967. Introduziu, entretanto, tantas modificações na estrutura do poder político e em matéria de direitos individuais que, numa visão científica, não se pode conciliar esse ato com o espírito da Constituição de 1967.

Na verdade, esta ruiu sob o AI-5.

4. Os direitos humanos sob o Ato Inconstitucional nº 5 – uma noite de terror

O AI-5 repetiu todos os poderes discricionários conferidos ao presidente pelo AI-2 e ainda ampliou a margem de arbítrio: deu ao governo a prerrogativa de confiscar bens; suspendeu a garantia do *habeas corpus* nos casos de crimes políticos contra a segurança nacional, a ordem econômica e social e a economia popular.

Como nos atos anteriores, excluía-se a possibilidade de exame judiciário das medidas aplicadas.

O regime do AI-5 não se coaduna com a vigência dos direitos humanos, como definidos pela Declaração Universal. Nega, além dos artigos já referidos, também o de n. 18 – "ninguém será arbitrariamente privado de sua propriedade" –, pois a investigação prevista no artigo 18 do AI-5, para os casos de confisco de bens, sem dar garantias de defesa ao prejudicado, não exclui o caráter discricionário da medida. E o próprio AI-5 o reconhece quando dispõe, no parágrafo único do artigo 8, que, provada a legitimidade dos bens, far-se-á a restituição. Apenas é de se observar que a simples restituição, numa tal hipótese, não satisfaz o direito.

Com a pretensão de confiscar bens de indivíduos corruptos, o AI-5 pretendeu obter a simpatia da opinião pública. Esta, como é natural, reprova a opressão/corrupção. Mas esse poder discricionário não foi, de forma alguma, utilizado para realmente combater a opressão/corrupção. Foram atingidos alguns desafetos do regime, enquanto muitos outros ficaram a salvo. Na verdade, com a imprensa amordaçada, a opressão/corrupção foi praticada em larga escala. Livros publicados com a reconquista da liberdade denunciaram escândalos desse período da história brasileira.

Entretanto, a mais grave incompatibilidade entre o AI-5 e os direitos humanos está na supressão do *habeas corpus* para crimes políticos e outros. Proibindo a apreciação judicial da prisão, o AI-5 nega remédio contra a prisão arbitrária, tornando letra morta o artigo 19 da Declaração dos Diretos Humanos, redigido nestes termos:

"Ninguém será arbitrariamente preso, detido ou exilado".

Com a supressão do *habeas corpus* e das garantias da magistratura e com a cassação da liberdade de imprensa, a tortura e os assassinatos políticos foram largamente praticados no país, sob o regime do Ato Institucional nº 5.

Um dos mais contundentes libelos contra a prática da tortura, nesse período da vida brasileira, com a coleta de depoimentos dos torturados, está contido no livro *Brasil: Nunca Mais*, publicado pela Editora Vozes, dos padres franciscanos de Petrópolis, sob a chancela de Dom Paulo Evaristo Arns, na época Arcebispo Metropolitano de São Paulo, e do Reverendo Philip Potter, ex-Secretário Geral do Conselho Mundial de Igrejas.[49]

---

[49] ARQUIDIOCESE DE SÃO PAULO. *Brasil: Nunca Mais*. Prefácio de Dom Paulo Evaristo Arns. Petrópolis: Editora Vozes, 1985, 3ª ed.

5. Os direitos humanos sob a Constituição de 1969

Em 17 de outubro de 1969, estando o Congresso Nacional em recesso forçado, foi outorgada, pelos três ministros militares, nova carta ao país, sob a aparência de emenda constitucional.

Tendo mantido o AI-5, a Constituição de 1969 realmente só começou a vigorar com a queda deste, em 1978.

Essa carta aprofundou o retrocesso político, se comparada à Constituição de 1967: incorporou a seu texto medidas autoritárias dos Atos Inconstitucionais; consagrou a intervenção federal nos Estados; cassou a autonomia administrativa das capitais e outros municípios; impôs restrições ao Poder Legislativo; validou o regime dos decretos-leis; manteve e ampliou as estipulações restritivas da Constituição de 1967, quer em matéria de garantia individuais, quer em matéria de direitos sociais.

O regime da Constituição de 1969 não se coadunou de forma alguma com o ideal dos direitos humanos.

14. A volta do Estado de Direito, a conquista da anistia

1. A luta do povo brasileiro pela volta do Estado de Direito

A luta contra o golpe de Estado desferido em 1.º de abril de 1964 começou com a própria instauração da ditadura.

Desde o primeiro momento, líderes políticos e da sociedade civil, acompanhados por parcela ponderável da opinião pública, compreenderam que o Estado de Direito havia sido suprimido por um longo período de arbítrio.

Muitos puderam verificar e compreender que o golpe no Brasil não era um fato isolado. Localizava-se dentro de um projeto continental. Na verdade, assistia-se a todo um ciclo de regimes de exceção na América Latina. Documentos que vieram à luz posteriormente, por força de uma lei que libera certos arquivos secretos norte-americanos, demonstraram que a implantação das ditaduras latino-americanas era inspirada pela política externa dos Estados Unidos para o Continente.

2. Apoiadores do regime militar movidos pela boa fé

Alguns cidadãos supuseram que a intervenção militar de 1964 seria um episódio passageiro. Teria como fundamento o exercício, pelas Forças Armadas, de um poder moderador. Esse "poder moderador" seria um poder corretivo de eventuais desvios na rota política normal do país e estaria reservado aos militares, no Brasil e em outros países do Terceiro Mundo (ou países do Hemisfério Sul, ou países pobres, como se preferir).

Os que viam os fatos sob essa ótica apoiaram, num primeiro momento, o golpe militar de 1964.

O primeiro grande desapontamento de muitos cidadãos que deram seu aval político ao golpe aconteceu em 27 de outubro de 1965. Nesse dia, foi baixado o Ato Institucional nº 2.

O primeiro Ato Institucional não tinha número, justamente porque a proposta original dos revoltosos seria realizar um "ato cirúrgico de tempo certo", nas instituições políticas brasileiras. O Ato Institucional nº 2 já representava uma traição a esse propósito.

Em 1967, a Constituição de 24 de janeiro tentou o arremedo de um Estado de Direito. Tinha a esperança de compatibilizar o regime militar com um mínimo de civilização jurídica.

3. Ato Institucional nº 5 eliminou qualquer aparência de Democracia

O AI-5, de 13 de dezembro de 1968, eliminou de vez qualquer nuance de Estado de Direito que se pretendesse dar ao regime. O regime assumiu confessadamente sua face de ditadura. Suprimiu-se todo traço de direito, qualquer sinal de juridicidade que se pudesse vislumbrar nas instituições políticas e sociais do país. Era a lei do cão, um retrocesso que nem mesmo o Estado Novo (1937) conheceu.

A cada aprofundamento do arbítrio, o regime de 1964 perdia apoio. Os liberais que apoiaram o golpe, em nome de uma intervenção militar cirúrgica, deixaram a nau do regime em 27 de outubro de 1965, com a edição do Ato Institucional n. 2.

Em 13 de dezembro de 1968 já não eram apenas os liberais que se desligavam da aventura liberticida levada a efeito pelos que se apoderam do país. Na verdade, só ficaram com o AI-5 os que apoiavam para o Brasil um regime de índole fascista, isto é, um regime antiliberal, antidemocrático, de um nacionalismo falso e até mesmo com traços imperialistas.

Esta última característica era traduzida pelo projeto de um Brasil Gigante. Esse Brasil Gigante seria construído, em aliança com os Estados Unidos, sob a batuta da Lei de Segurança Nacional. Dentro desse projeto, o Brasil receberia delegação para exercer um papel imperialista junto aos vizinhos da América do Sul.

Um slogan resumia a mentalidade vigente: "Brasil, ame-o ou deixe-o". Este slogan era traduzido assim: ame o Brasil, de acordo com essa fórmula de Brasil pretendida pelo regime. Se você não concorda com essa receita de governo, não concorda com o regime, você não tem direito de viver em seu país.

4. Lei sociológica: aumento do arbítrio gera o aumento da resistência ao arbítrio.

À medida que crescia o arbítrio, crescia também a resistência ao arbítrio.

Somavam-se as lutas de inúmeros segmentos sociais:

a) a dos trabalhadores, contra a política de arrocho salarial, contra a intervenção nos sindicatos, contra a Lei de Segurança Nacional (LSN), que enquadrava em seus artigos os operários que pugnavam por melhorias econômicas e sociais;

b) a de presos e perseguidos políticos, com apoio de líderes da sociedade civil em geral, em prol da Anistia;

c) a dos estudantes, contra acordos que subordinavam a política educacional brasileira a exigências norte-americanas, contra as punições arbitrárias de estudante e professores, contra a polícia política instalada dentro das universidades;

d) a dos intelectuais, jornalistas, artistas contra a censura e as medidas restritivas em geral;

e) a de líderes religiosos de diversas confissões, pela justiça social, pela liberdade, contra a tortura.

Todas essas lutas desembocaram:

a) na luta pela Anistia ampla, geral e irrestrita;

b) na luta pela convocação de uma Assembleia Constituinte livre e democrática, com participação popular.

5. A conquista da Anistia

A Anistia foi conquistada em 1979. Consubstanciou-se na Lei n. 6.683, de 28 de agosto daquele ano.

Não foi tão ampla, geral e irrestrita quanto se desejou. Anistiou não apenas os perseguidos políticos, mas também os que praticaram crimes em nome do regime. Chegou mesmo a anistiar torturadores, o que é bem chocante, pois a tortura não é crime político, mas crime contra a humanidade. A essa anistia de perseguidos e perseguidores chamou-se de "anistia recíproca".

De qualquer forma, essa anistia representou uma conquista do povo.

A luta dos presos políticos, no interior das prisões, as denúncias feitas por estes, rompendo o cerco de ferro dos carcereiros, as greves de fome, tudo isso foi essencial para que se alcançasse a Anistia, como vitória da alma brasileira.

Ao mesmo tempo em que os presos resistiam, os exilados movimentavam-se fora do país. E dentro do Brasil inúmeras vozes, inteligências e corações pleiteavam a Anistia.

Devo dar meu depoimento pessoal porque um livro, como este, não pode ser apenas um relato objetivo. A subjetividade humaniza e enriquece o tratamento de um tema como o dos direitos humanos.

Como magistrado da ativa, no Espírito Santo, eu participei da luta pela Anistia. Meus discursos em atos públicos, pregando a Anistia, e minha participação na fundação do Comitê Brasileiro pela Anistia não foram compreendidos por alguns. Recebi críticas incisivas. Estranhavam: "Como pode um juiz tratar de um tema político? A atividade política não é proibida ao juiz?".

Havia uma diferença de entendimento do que devia ser a ética do ofício de juiz. Sem dúvida, a atividade político-partidária é vedada ao magistrado. Sempre tive consciência da importância desse princípio, que não é apenas um preceito legal. É também uma questão moral e lógica. Como pode um juiz, que preside eleições, ter militância partidária? Essa militância levaria ao descrédito de sua imparcialidade.

Mas a questão da Anistia não era uma questão partidária. Via, naquela época, como ainda vejo hoje, a Anistia como bandeira ética. Ela era um tema humanitário e de Justiça, com caráter suprapartidário. A Anistia permitiria o reencontro dos brasileiros. Não o reencontro para a unanimidade, que só existe nas ditaduras. O reencontro para a luta política, a divergência explicitada, as contradições criadoras. Por essa razão, honrava-me, como magistrado, engrossar o coro de consciências morais que bradavam pela Anistia.

A luta pela Anistia foi uma das páginas de maior grandeza moral escrita na história contemporânea do Brasil.

Questões para Revisão da Terceira Parte

A) Questões para conferir o aprendizado

1. Faça um resumo de um dos seis capítulos desta Terceira Parte.

2. Diga qual colocação do autor, nesta Terceira Parte, despertou maior interesse em você, porque achou tratar-se de um ponto extremamente importante ou porque lhe agradou muito a maneira como a matéria foi analisada.

3. Qual a importância da Constituição de 1946?

4. O que foi a volta do Estado de Direito após a ditadura instalada em 1964? Qual o significado desse momento histórico?

B) Questões para aprofundamento do conhecimento

1. Há direitos afirmados na Constituição Imperial (1824) que ainda não têm real eficácia no Brasil de hoje, decorridos quase dois séculos da Constituição do Império? Como explicar essa contradição?

2. Por que o autor chama a Constituição de 1937 de *arremedo de Constituição*?

3. Por que o autor chama o Ato Institucional n. 5 de *noite de terror*?

4. Você concorda que a Constituição de 1967 representou um esforço para reduzir o arbítrio? Justifique sua opinião.

5. Pesquise amplamente e redija um texto: "A importância da anistia conquistada em 1979".

Quarta Parte

A Constituição
Federal de 1988 e os
Direitos Humanos

15. Constituinte de 1987/1988, emendas populares, Comissão Afonso Arinos

1. A Constituinte de 1987/1988

A convocação da Constituinte foi uma vitória da opinião pública. Como também o próprio funcionamento da Constituinte.

Houve, em todo o Brasil, um grande esforço de participação popular, e, por causa dessa grande participação, o período pré-Constituinte e Constituinte favoreceu em muito o crescimento da consciência política do povo brasileiro. Nem todas as aspirações manifestadas pelo povo encontraram eco na Assembleia Constituinte.

Por outro lado, alguns artigos que resultaram da pressão popular permanecem "letra morta" ou porque dependem de regulamentação, ou porque não estão sendo respeitados.

Nada disso invalida o esforço empregado. Tudo isso apenas demonstra que a luta do povo deve prosseguir. Numa perspectiva histórica diríamos de maneira mais contundente: a luta do povo, a luta das grandes maiorias, a luta pelo rompimento de todos os grilhões de injustiça e opressão é uma luta que nunca termina. Essa constatação não pode alimentar desânimos. Podemos construir a História, devemos somar os sucessos obtidos, cada avanço deve ser celebrado.

2. Constituinte exclusiva x Constituinte congressual

No final de 1985, travou-se um grande debate em torno da escolha entre duas espécies de Assembleias Constituintes:

a) a Assembleia Constituinte autônoma ou exclusiva;
b) a Constituinte congressual ou Congresso com poderes constituintes.

A Assembleia Constituinte autônoma seria eleita, exclusivamente, para fazer a Constituição, dissolvendo-se em seguida à promulgação desta.

A Constituinte congressual seria aquela que resultaria de uma Câmara e de um Senado que se instalariam, inicialmente, para fazer a Constituição (como Assembleia Constituinte). Terminado esse encargo, continuariam como Câmara e Senado, cumprindo os cidadãos eleitos o mandato de deputado ou senador, em seguida ao mandato constituinte.

A principal vantagem de uma Assembleia Constituinte exclusiva é de possibilitar uma eleição fundada apenas na discussão de teses, princípios e compromissos ligados ao debate constituinte.

Na fórmula da Constituinte congressual (ou Congresso constituinte), os candidatos podiam prometer, como prometeram, estradas, empregos, benefícios pessoais, pois a eleição deixa de ser de constituintes exclusivos para ser de deputados e senadores.

A Constituinte congressual foi bem mais conservadora do que seria uma Constituinte exclusiva, por dois motivos: pri-

– 108 –

meiro porque facilita a eleição dos velhos políticos, ligados às máquinas eleitorais, e desencoraja a participação de elementos descomprometidos com esquemas. Na Constituinte congressual, candidatos descomprometidos com a estrutura de poder vigente concorrem, em condições inferiores, com políticos que atuam na base do clientelismo eleitoral. Nesse quadro, as correntes conservadoras e retrógradas ficam mais fortes. E, segundo, porque um Congresso Constituinte, que já nasce sem liberdade de discutir a própria estrutura do Poder Legislativo tende a reproduzir tudo o mais ou fazer mudanças apenas superficiais e periféricas.

3. Governo e Congresso não ouviram a opinião pública quanto à tese de uma Constituinte exclusiva

Fazendo ouvido surdo ao apelo dos mais amplos segmentos da sociedade civil, que queriam uma Constituinte exclusiva, a maioria parlamentar seguiu a orientação do governo e optou pelo Congresso Constituinte.

Essa maioria parlamentar não acolheu nem mesmo o parecer do deputado Flávio Bierrenmbach, que propôs que se entregasse ao próprio povo a decisão entre as duas formas possíveis de Assembleia Constituinte, por meio de um plebiscito que seria realizado em 15 de março de 1986. Em vez de apoiar a democrática proposta de plebiscito, as forças do governo destituíram Flávio Bierrenbach da função de relator da emenda da Constituinte e aprovaram contra a opinião pública nacional a convocação da Assembleia Constituinte sob a modalidade de Constituinte Congressual.

4. A luta deveria prosseguir, mesmo na Constituinte Congressual

Apesar da derrota na batalha pela Constituinte exclusiva, entenderam as forças populares, corretamente, que não deveriam abandonar a luta.

Mesmo diante de um Congresso Constituinte era preciso pressionar o máximo no sentido de obter o reconhecimento do direito de participação popular nos trabalhos de elaboração da nova Constituição. Por intermédio da participação e da pressão popular seria, de qualquer forma, possível alcançar alguns avanços.

5. A exuberância das emendas populares

O Regimento da Assembleia Nacional Constituinte acolheu o pedido do "Plenário Nacional Pró-Participação Popular na Constituinte" e admitiu a iniciativa de emendas populares. Por essa via, a população obtinha o direito a uma participação mais direta na elaboração constituinte.

O direito de apresentar emendas foi uma grande vitória alcançada pela pressão do povo.

Nada menos que 122 emendas foram propostas. Essas emendas alcançaram o total de 12.265.854 assinaturas.

Não apenas as forças populares serviram-se do instrumento da iniciativa de emendas. Também as forças conservadoras patrocinaram emendas populares. Contudo, as emendas de origem realmente popular foram em número muito mais expressivo e obtiveram um total de assinaturas muitíssimo maior.

A coleta de assinaturas foi um momento muito importante no processo de mobilização. Frequentemente as emendas eram assinadas depois de assembleias que as discutiam. Novamente aqui, como em outras partes deste livro, cabe o meu depoimento pessoal.

Participei de inúmeras dessas assembleias, como militante da sociedade civil. Compareci a debates em diversos estados do país – Espírito Santo, Rio de Janeiro, São Paulo, Santa Catarina, Minas Gerais, Pernambuco, Paraíba, Bahia e Distrito Federal –, sempre a convite de entidades ligadas ao movimento popular.

O ritual das emendas populares repetiu-se nos estados, por ocasião da discussão das Constituições Estaduais. Nessa oportunidade, grandes temas populares foram novamente discutidos e particularizados no nível das unidades da Federação.

6. Outros instrumentos de pressão popular

A pressão popular não se limitou às emendas. Segmentos organizados da sociedade civil estiveram presentes nas galerias e nos corredores da Constituinte durante todo o período de funcionamento da Assembleia.

Aí também não foi apenas o povo que fez pressão. As classes dominantes e os grupos privilegiados montaram esquemas formidáveis para acuar a Constituinte. A UDR, por exemplo, mobilizou milhares de pessoas, inclusive jovens, para impedir, como impediu, que a Constituinte abrisse no texto da Constituição caminhos facilitadores da reforma agrária.

Além das emendas populares, a população expressou suas opiniões por diversos canais:

a) através de sugestões apresentadas à Comissão Afonso Arinos;

b) nas audiências públicas da Assembleia Constituinte, quando vários líderes puderam expressar a opinião dos segmentos sociais que representavam;

– 111 –

c) através dos mais variados caminhos formais ou informais de que o povo lançou mão, com a criatividade que lhe é própria e com a força de sua esperança: abaixo-assinados, cartas e telegramas dirigidos à Assembleia Constituinte ou a determinados constituintes, atas de reuniões e debates remetidas a parlamentares, cartas de leitores publicadas em jornais etc.

7. A Comissão Afonso Arinos

A Comissão Afonso Arinos foi criada pelo governo para preparar um projeto de Constituição. Houve uma repulsa inicial dos segmentos organizados da sociedade civil contra a criação dessa comissão. A sociedade civil queria expressar-se livremente. Repugnava-lhe qualquer espécie de tutela como essa ideia de uma comissão governamental para fazer um projeto de Constituição.

Contudo, em vista do desejo de participação fortemente expresso pelo povo, a própria Comissão Afonso Arinos soube adequar-se à realidade social. Não foi uma comissão autoritária que pretendesse impor um projeto. Abriu-se também às sugestões da sociedade e ao debate com a sociedade civil. Alguns de seus membros participaram de inúmeras reuniões, ouvindo diretamente o povo e discutindo com o povo, nas mais diversas cidades e regiões do Brasil. A Comissão Afonso Arinos acabou sofrendo a influência do clima de participação presente na sociedade brasileira, no período pré-Constituinte.

Sem dúvida, a própria figura de Afonso Arinos, um jurista respeitado, um político ético, um homem aberto ao diálogo, contribuiu significativamente para que a comissão que recebeu seu nome desempenhasse um papel positivo no cenário constituinte.

16. Os direitos humanos e a Constituição de 1988: filosofia, estrutura geral, princípios básicos

1. A Constituição de 1988 e a filosofia dos direitos humanos

Neste capítulo será examinada a posição que os direitos humanos assumiram no texto constitucional de 1988. Também será exposto que, de uma maneira geral, a filosofia dos direitos humanos está presente na Constituição do nosso país.

Nem todas as aspirações manifestadas pela sociedade civil foram acolhidas pelos constituintes. Nem todas as boas ideias veiculadas por meio de emendas populares foram devidamente recepcionadas pela Carta Magna. Também não foram ouvidas todas as vozes que se manifestaram por outros veículos que não apenas as emendas populares.

Algumas propostas, patrocinadas por expressivas instâncias da sociedade civil, não alcançaram o acolhimento merecido.

Entretanto, o que de melhor a Constituição contém, numa visão global, teve a marca da origem popular ou do apoio popular. Não que os pontos positivos tenham sido sempre "criação" do povo ou invenção nacional. Muitas vezes foram velhos institutos jurídicos, até mesmo institutos seculares (*habeas corpus*, por exemplo), que foram apropriados pela sociedade civil brasileira e vivenciados dentro da nossa realidade.

2. A estrutura geral da Constituição.
O preâmbulo e os títulos

A Constituição é formada por um preâmbulo e por nove títulos. Acompanha ainda o texto da Constituição o "Ato das Disposições Constitucionais Transitórias".

O texto da Constituição é integrado por 245 artigos.

O Ato das Disposições Constitucionais Transitórias compreende 70 artigos.

Os constituintes talvez tenham optado pelo modelo das constituições amplas, exaustivas. Esse modelo opõe-se a um outro: o das constituições sintéticas, ou seja, que só dispõem acerca das matérias essenciais.

O modelo adotado segue a tradição do Direito Constitucional Brasileiro, uma vez que todas as nossas Constituições foram exaustivas.

O preâmbulo é uma declaração de princípios. No preâmbulo, os constituintes declaram que se reuniram, como representantes do povo brasileiro, para instituir um Estado democrático. Proclamam que esse Estado democrático é destinado a assegurar o exercício dos direitos sociais e individuais, a liberdade, a segurança, o bem-estar, o desenvolvimento, a igualdade e a Justiça. Afirmam a intenção de organizar uma sociedade fraterna, pluralista e sem preconceitos. Essa sociedade, fundada na harmonia social, estará comprometida com a solução pacífica das controvérsias, seja na ordem interna, seja na ordem internacional. Finalmente, os constituintes declaram promulgar a Constituição sob a proteção de Deus.

Os títulos agrupam os grandes temas de que trata a Constituição. São eles:

1. princípios fundamentais;
2. direitos e garantias fundamentais;
3. organização do Estado;
4. organização dos poderes;
5. defesa do Estado e das instituições democráticas;
6. tributação e orçamento;
7. ordem econômica e financeira;
8. ordem social;
9. disposições constitucionais gerais.

3. Os princípios básicos

O artigo 1 da Constituição diz que a República Federativa do Brasil constitui-se em Estado Democrático de Direito e tem como fundamentos:

1. a soberania;
2. a cidadania;
3. a dignidade da pessoa humana;
4. os valores sociais do trabalho e da livre iniciativa;
5. o pluralismo político.

Na enumeração, os valores sociais do trabalho precedem os valores da livre iniciativa. Não se trata de uma precedência casual. Nessa precedência textual, a Constituição consagrou uma precedência axiológica. Dizendo com outras palavras: a Constituição criou uma hierarquia de valores, determinando que os valores do trabalho precedem os valores da livre iniciativa. Estabeleceu a Constituição o primado do trabalho.

4. Democracia participativa

No parágrafo do artigo 1, a Constituição diz que todo poder emana do povo, que o exerce por meio de representantes eleitos ou diretamente, nos termos da Constituição.

Com essa estipulação o texto avançou em relação às Constituições anteriores do Brasil. Nesse parágrafo, institui-se a democracia participativa, bem mais ampla e efetiva que a democracia simplesmente representativa.

O direito de apresentar projetos de lei, por meio de iniciativa popular, resultou de uma campanha cívica que mobilizou entidades da sociedade civil espalhadas pelos quatro cantos do país. Não foi benesse concedida pelos constituintes ao povo, mas exatamente o oposto: exigência da população à face dos constituintes.

Está agora em andamento uma campanha de assinaturas para formalizar um projeto de lei de iniciativa popular, que pretende aprimorar a atual Lei de Inelegibilidades. Tornará inelegíveis candidatos com condenação em primeira ou única instância, bem como aqueles que tiveram denúncia recebida por um tribunal ou que renunciaram a seus mandatos para escapar de punições.

O projeto, se aprovado, fará uma limpeza ética na vida pública brasileira. Além de aumentar o rol de situações que podem impedir o registro de uma candidatura, o projeto amplia o prazo para as inelegibilidades, que passam a ter, em regra, duração de oito anos. Não se trata de culpar essas pessoas antecipadamente, mas de adotar uma postura preventiva, em defesa da sociedade.

A presunção de inocência, na esfera criminal, só desaparece com a sentença condenatória de que não caiba recurso. Essa salvaguarda, correta como garantia dos direitos da pessoa humana, não pode ter aplicação em sede eleitoral. Aqui o que deve prevalecer é o interesse coletivo de obstar a eleição de políticos manchados que buscam a conquista do mandato em inúmeros casos concretos justamente para se proteger do braço da Justiça.

Quarenta e duas organizações da sociedade civil brasileira estão empenhadas no êxito dessa campanha.

5. Confirmação de princípio clássico: os três poderes. Objetivos da República

Depois, a Constituição repete um princípio clássico: são poderes da União o Legislativo, o Executivo e o Judiciário, independentes e harmônicos entre si.

O artigo 3 diz que são objetivos da República:

1. construir uma sociedade livre, justa e solidária;

2. garantir o desenvolvimento nacional;

3. erradicar a pobreza e a marginalização e reduzir as desigualdades sociais e regionais;

4. promover o bem de todos, sem preconceitos de origem, raça, sexo, cor, idade e quaisquer outras formas de discriminação.

6. Miséria é incompatível com a garantia de ser pessoa

A erradicação da pobreza e da miséria é o objetivo prioritário.

Não é possível preservar os direitos da pessoa humana numa sociedade na qual a miséria esmaga o ser humano. Não pode haver cidadania onde não se assegura ao pretenso cidadão o prévio direito de simplesmente ser pessoa, eis que a cidadania é uma dimensão do ser pessoa, uma dimensão indispensável ao ser pessoa.

A cidadania passa pelo ser pessoa, pois ninguém pode ser cidadão sem ser pessoa.

A cidadania acresce o ser pessoa; projeta no político, no comunitário, no social, no jurídico, a condição de ser pessoa.

Não há possibilidades de a cidadania florescer se não se realizam as condições do humanismo existencial.

Dentro da realidade brasileira de hoje, milhões não têm as condições mínimas para ser pessoa – não são cidadãos.

Parecem chocantes as sociedades que estabelecem ou estabeleciam expressamente a existência de párias na escala social; mas temos, na estrutura da sociedade brasileira, "párias" que não são legalmente ou expressamente declarados como tais. São párias e têm seus descendentes condenados à condição de párias. São párias porque estão à margem do alimento que a terra produz, à margem da habitação que a mão do homem pode construir, à margem do trabalho e do emprego, à margem do mercado, à margem da participação política, à margem da cultura, à margem da fraternidade, à margem do passado, do presente, do futuro, à margem da História, da esperança. Só não estão à margem de Deus, porque em Deus confiam.

No caso do Brasil, não se trata da miséria que atinja apenas uma franja da sociedade. São milhões de famintos, são milhões de excluídos.

Se quisermos defender, em nosso país, o Estado de Direito, temos que vencer a miséria, a fome, a marginalização, a exclusão, pois que a miséria, a fome, a marginalização, a exclusão constituem a suprema negação do direito.

7. Relações internacionais do Brasil

No artigo 4 estabelecem-se os princípios que regem as relações internacionais do Brasil.

Dentre os princípios adotados, merecem destaque os seguintes:

1. o da autodeterminação dos povos;
2. o dos direitos humanos;
3. o de defesa da paz;
4. o de repúdio ao racismo;
5. o da concessão de asilo político.

8. A enumeração dos direitos e garantias fundamentais

O título que trata dos direitos e garantias fundamentais é formado por 5 capítulos:

1. direitos e deveres individuais e coletivos;
2. direitos sociais;
3. nacionalidade;
4. direitos políticos;
5. partidos políticos.

Pela primeira vez, uma Constituição brasileira começa pela enumeração dos direitos e garantias fundamentais. Como já foi dito, relativamente à precedência dos valores do trabalho (item 36), aqui também a Constituição faz uma escolha, uma valoração. Consagra-se a primazia dos direitos da pessoa humana, que o Estado tem o dever de respeitar.

17. Constituição Federal de 1988: homens e mulheres são iguais; tortura é intolerável; liberdade de consciência, pensamento, crença, reunião sem armas, associação; intimidade, casa e correspondência são invioláveis

1. Os direitos e deveres individuais e coletivos. A igualdade de homens e mulheres

O capítulo dos "direitos individuais e coletivos" é aberto com a afirmação de que todos são iguais perante a lei, sem distinção de qualquer natureza, assegurando-se aos brasileiros e aos estrangeiros residentes no país a inviolabilidade do direito à vida, à liberdade, à igualdade, à segurança e à propriedade, nos termos da Constituição (Artigo 5).

Iniciando, em seguida, a enumeração dos direitos individuais e coletivos, estipula-se que homens e mulheres são iguais em direitos e obrigações.

Não obstante protegendo de discriminação qualquer dos sexos, o dispositivo alcança sobretudo as discriminações contra a mulher, que são frequentes em nossa sociedade.

2. A proibição da tortura

A tortura e o tratamento desumano ou degradante contra qualquer pessoa não são tolerados. Esse dispositivo é completado por outro que diz ser assegurado aos presos o respeito à integridade física e moral.

A polícia não pode torturar um preso para que confesse um crime, seja lá o crime que for. Os maus-tratos a presos não são admitidos, em nenhuma circunstância.

A prática da tortura constitui crime inafiançável e insuscetível de graça ou anistia.

Crime inafiançável é aquele que não admite soltura do acusado mediante pagamento. Crime insuscetível de graça ou anistia é aquele que não admite perdão individual (graça) nem exclusão coletiva da punibilidade (anistia).

A Lei n. 9.455, de 7 de abril de 1997, tipificou os crimes de tortura (isto é, definiu os crimes de tortura) e estabeleceu as penas aplicáveis a esses crimes. Trata-se de uma lei muito importante porque, sem essa lei, ninguém poderia ser processado por crime de tortura em face do princípio que diz que "não há crime sem lei anterior que o defina, não há pena sem prévia cominação legal".

3. A liberdade de manifestação do pensamento. A liberdade de consciência e de crença

É livre a manifestação do pensamento. O anonimato é proibido.

A expressão da atividade intelectual, artística e científica goza de liberdade, independentemente de censura ou licença.

Intelectuais, artistas, estudantes etc., lutaram e muito para a reconquista desse direito, após a ditadura instituída em 1964. É inviolável a liberdade de consciência e de crença. É assegurado o exercício de todos os cultos religiosos, inclusive, obviamente, o exercício dos cultos populares e dos que têm a adesão apenas de uma minoria.

4. A inviolabilidade da intimidade, a inviolabilidade da casa e o sigilo da correspondência

São invioláveis a intimidade, a vida privada, a honra e a imagem das pessoas.

A casa é o asilo inviolável do indivíduo. Ninguém pode penetrar na casa sem consentimento do morador. A menos que se trate: de determinação judicial e feito durante o dia; durante o dia e também à noite, em caso de flagrante delito, de desastre ou de hipótese em que se faça necessário prestar socorro a alguém.

Toda moradia é protegida, independentemente de se tratar de uma construção de alvenaria ou de um barraco de madeira, ou coberto de zinco. Tem direito à proteção constitucional qualquer espaço físico que o ser humano tenha como seu abrigo.

É inviolável o sigilo da correspondência e das comunicações telegráficas e telefônicas. Também os presos têm direito à inviolabilidade da correspondência.

Durante o regime ditatorial instituído no Brasil em 1964 e extremamente endurecido em 1968, toda a minha correspondência proveniente do Exterior era violada. Isso ocorria porque eu mandava cartas e lembranças do Brasil para muitos exilados. A troca de cartas com exilados políticos fazia-me suspeito perante o regime.

Quando foi promulgada a Constituição Federal de 1988, fui o segundo brasileiro a impetrar um *habeas data*. Instruí o meu pedido perante o Poder Judiciário juntando à minha petição cópias originais dos envelopes que me chegaram às mãos contendo cartas. Os envelopes, carimbados pelo Correio, tinham sido acintosamente violados pelos que então se julgavam "donos do poder".

O *habeas data* foi uma inovação da Constituição de 1988. Serve para coibir registros secretos, de maneira especial os registros ideológicos.

Naquela oportunidade requeri o *habeas data* para dar um exemplo de exercício da cidadania, pensando especialmente nos jovens, e também porque desejava saber que registros secretos eram esses que motivavam a devassa, pela polícia política, da correspondência de um magistrado no pleno exercício de suas funções.

5. A liberdade de reunião sem armas. A liberdade de associação

Todos podem reunir-se pacificamente, sem armas, em locais abertos ao público, independentemente de autorização. Exige-se apenas que a reunião não impeça outra que tenha sido convocada antes, para o mesmo local. A fim de garantir a precedência de quem pediu primeiro é exigido aviso prévio à autoridade competente.

18. Constituição Federal de 1988: propriedade subordinada à função social; direito de petição, acesso à Justiça, ampla defesa; tribunais de exceção; prisões arbitrárias, pena de morte ou de caráter perpétuo; rejeição do racismo; *habeas corpus*, *habeas data*, mandado de segurança, ação popular

1. O direito de propriedade subordinado à função social

O direito de propriedade é garantido, porém está subordinado a sua função social. O direito de propriedade é direito de todos, não só de uma minoria. Não se pode pedir esse direito para transformá-lo em privilégio de poucos.

Em vários escritos, e mesmo em despachos e sentenças que proferi como juiz, sempre preferi a expressão "direito à propriedade", em substituição à expressão "direito de propriedade".

"Direito à propriedade" sugere que todas as pessoas tenham esse direito, pelo menos o direito de morar. Não pode a pessoa

– 125 –

humana sofrer a violência retratada pelos versos inspirados do nosso cancioneiro popular:

"Eu não tenho onde morar,
é por isso que eu moro na areia".

Em contraposição ao profundo conteúdo semântico da expressão "direito à propriedade", a expressão que rechaçamos como imprópria – direito de propriedade – sugere um direito estabelecido apenas em favor de quem já é proprietário.

2. O direito de petição, o acesso à Justiça e a proibição de tribunais de exceção

Toda pessoa tem direito de petição, vale dizer, o direito de postular perante os poderes públicos em defesa de direitos ou contra ilegalidades ou abusos de poder.

Nenhuma lesão ou ameaça ao direito pode ser excluída da apreciação do poder judiciário.

Não haverá juízos ou tribunais de exceção. A lei nunca poderá instituir cortes extraordinárias de Justiça para julgar determinados delitos ou causas de qualquer natureza.

3. A proibição do racismo

A prática do racismo constitui crime inafiançável e imprescritível, sujeito a pena de reclusão nos termos da lei.

A Lei n. 9.459, de 13 de maio de 1997, definiu os crimes de racismo e estabeleceu pena para eles.

A tipificação dos crimes de racismo exerceu o mesmo importante papel que a tipificação dos crimes de tortura havia cumprido.

A lei contra a tortura foi publicada em 7 de abril de 1997, e a lei contra o racismo, pouco mais de um mês depois (13 de maio de 1997).

4. A proibição da pena de morte, de caráter perpétuo e outras

Não haverá penas: de morte (salvo em caso de guerra declarada), de caráter perpétuo, de trabalhos forçados, de banimento e de crueldade.

A Anistia Internacional desenvolveu uma campanha que pretendia a eliminação da pena de morte dos países que ainda a adotavam ou adotam, fixando como prazo dessa conquista o final do século passado. A meta não foi alcançada, mas a pena de morte foi abolida em muitos países, como decorrência da luta abolicionista empreendida pela Anistia Internacional.

Também a pena de caráter perpétuo é extremamente dolorosa porque retira da pessoa qualquer esperança de retornar à vida em liberdade. Difícil manter a disciplina em prisões sob sistema em que se admita a prisão perpétua, uma vez que a recuperação da liberdade, cedo ou tarde, é sempre um incentivo para o preso.

A prisão perpétua lembra-nos os versos de Dante, advertindo que deixasse de fora a esperança quem no seu inferno entrasse.

5. O direito de ampla defesa e a proibição de prisões arbitrárias

Os acusados terão direito a ampla defesa. Permanece íntegro o direito de defesa, por mais bárbaro que um crime seja ou aparente ser.

Na defesa criminal, o advogado sustenta um princípio, não apenas jurídico, mas de extrema relevância ética, de que é absolutamente injusto e cruel que alguém seja julgado e condenado sem defesa.

O acusado goza da presunção de inocência. Não é a inocência de alguém que deve ser provada, mas sim a culpa.

Ninguém será preso a não ser em flagrante delito ou por ordem escrita e fundamentada da autoridade judiciária. São assim inconstitucionais: as prisões para averiguação, as prisões por suspeita, as prisões correcionais, as prisões por falta de documentos, as prisões judicialmente decretadas sem fundamentação suficiente etc.

A prisão de qualquer pessoa e o local onde esta se encontra serão imediatamente comunicados ao juiz competente e à família do preso ou à pessoa por ele indicada. A prisão ilegal será imediatamente relaxada pelo juiz. Esse relaxamento da prisão pelo juiz é chamado por alguns doutrinadores de *habeas corpus ex-officio*.

Para que a prisão de qualquer pessoa seja comunicada imediatamente ao juiz competente é necessário que haja plantão judiciário permanente nas grandes cidades. Também deseja-se que o juiz, assim que receber a comunicação da prisão, determine o comparecimento do preso a sua presença. Melhor seria mesmo que qualquer pessoa presa, antes de ser recolhida à prisão, comparecesse perante um magistrado que então iria examinar, de pronto, a legalidade do aprisionamento. Isso também evitaria as torturas. No interior, é preciso que o juiz resida na comarca.

Há anos defendo essas teses, inclusive em congressos, artigos publicados em jornais e livros.[50] Além disso, no exercício da função de Juiz de Direito, determinei que os presos de minha jurisdição fossem encaminhados a minha presença, junto com a comunicação da prisão que a autoridade policial era e é obrigada a fazer.[51]

6. O *habeas corpus* e o *habeas data*

Será concedido *habeas corpus* sempre que alguém sofrer ou se achar ameaçado de sofrer violência ou coação em sua liberdade de locomoção, por ilegalidade ou abuso de poder.

O *habeas corpus* pode ser requerido depois que a pessoa está presa ou para evitar a prisão. No último caso, tem-se o *habeas corpus* preventivo.

---

[50] Cf. livros publicados: *Pela Justiça, em São José do Calçado* (1971); *A Função Judiciária no Interior* (1977); *Como Aplicar o Direito* (ver a 1ª ed., de 1970); *Crime – Tratamento sem Prisão* (1987). Cf. Artigos publicados em revistas e jornais: "Da necessidade de regulamentar o trabalho do preso nas cadeias do interior" (*Revista do Conselho Penitenciário Federal,* 1973); "Os direitos humanos e sua proteção jurisdicional" (*Encontros com a Civilização Brasileira,* 1979); "Cadeias de Cachoeiro: celas da morte" (6 *Dias,* 1961); "Cadeia de Cachoeiro e ciência penitenciária" (6 *Dias,* 1963); "O trabalho do preso nas cadeias do interior" (*Tribuna da Justiça,* de São Paulo, 1974); "Uma experiência de justiça criminal alternativa" (*Diário do Sul,* de Porto Alegre, 1987); "Alternativas para a prisão podem dar bom resultado" (*O Estado de São Paulo,* 1991); "A questão penitenciária" (*A União,* de João Pessoa, 1992).

[51] HERKENHOFF, João Baptista. *Uma Porta para o Homem no Direito Criminal.* Rio de Janeiro: Forense, 2001.

O *habeas corpus* cabe também para trancar uma ação penal, isto é, para acabar com uma ação penal que não tenha fundamento. E qualquer pessoa pode requerer um *habeas corpus* para si ou para outrem.

Será concedido *habeas data* para garantir o conhecimento de informações sobre a pessoa, constantes de registros ou bancos de dados de entidades governamentais ou de caráter público, e também para a retificação de dados.

O *habeas data* foi uma importante inovação da Constituição de 1988. Destina-se a coibir os registros secretos, especialmente registros ideológicos. Serve para que a pessoa tome conhecimento da existência ou não de dados importantes.

O *habeas data* é requerido ao poder judiciário.

Tanto o *habeas corpus* quanto o *habeas data* são gratuitos.

Quando foi promulgada a Constituição Federal de 1988, fui o segundo brasileiro a impetrar um *habeas data*. Instruí o pedido com originais de correspondência particular minha, proveniente do exterior, abusivamente devassada pela polícia política da ditadura.

7. Mandado de segurança e ação popular

Será concedido mandado de segurança para proteger direito líquido e certo não amparado por *habeas corpus* ou *habeas data*, quando o responsável pela ilegalidade ou abuso de poder for autoridade pública ou agente de pessoa jurídica no exercício de atribuições do poder público.

O mandado de segurança pode ser individual ou coletivo.

Qualquer cidadão é parte legítima para propor ação popular.

Cabe ação popular nas seguintes hipóteses:

a) anulação de ato lesivo ao patrimônio público ou ao patrimônio de entidade de que o Estado participe;

b) anulação de ato contrário à moralidade administrativa;

c) anulação de ato lesivo ao meio ambiente;

d) anulação de ato lesivo ao patrimônio histórico e cultural.

O autor da ação popular não paga custas, mesmo que perca a ação, a não ser que tenha agido com má-fé comprovada.

A ação popular pode ser interposta, isoladamente, por um cidadão, ou coletivamente, por dezenas, centenas ou milhares de cidadãos.

Leitura complementar

RACISMO E DIREITOS HUMANOS[52]

Vinte de novembro, Dia Nacional da Consciência Negra, data que assinala a morte do herói nacional Zumbi dos Palmares.

Dez de dezembro, Dia Internacional dos Direitos Humanos.

O período que medeia entre as duas datas é tempo muito propício para refletir sobre racismo e direitos humanos.

---

[52] No dia em que completei 40 anos de formatura (4 de dezembro de 1998), fiz uma palestra – à noite – no Centro de Defesa dos Direitos Humanos da Serra, município que integra a Grande Vitória. Naquele mesmo instante em que, 40 anos atrás, recebia meu diploma de bacharel das mãos do Dr. Kosciusko Barbosa Leão, refletia sobre os direitos humanos com um grupo popular pisoteado tantas vezes nos seus direitos.

Certamente nem cabe indagar sobre a compatibilidade entre as práticas racistas e os ideais de direitos humanos. A incompatibilidade é flagrante. Mas talvez caiba ponderar sobre a medida dessa incompatibilidade. Em consequência, cabe analisar se o combate ao racismo deve ter um tratamento privilegiado na luta pelos direitos humanos.

Parece-me que a resposta acertada é sim.

Todos os direitos humanos são importantes. Todos buscam o acolhimento de povos, crenças, pessoas etc. Mas em relação a alguns direitos esbarramos na a relatividade das culturas espalhadas pelo mundo, o que dificulta o estabelecimento de parâmetros universais.

Daí a necessidade de destacar certos direitos humanos como direitos a respeito dos quais não pode haver qualquer intolerância. Em outras palavras: nenhuma diferença de cultura e de história permite que certos direitos humanos sejam transgredidos. São de tal forma essenciais que se impõem em qualquer circunstân-

---

Foi o momento adequado para um exame de consciência: passados 40 anos, o que fiz com o meu diploma?

De muitos temas poderíamos tratar no encontro daquela noite. Seria, por exemplo, oportuno examinar a realidade brasileira à luz da Declaração Universal dos Direitos Humanos. Estávamos próximos do Dia Universal dos Direitos Humanos. Seria proveitoso sublinhar os inúmeros desrespeitos aos direitos humanos em nosso país: meninos de rua, desemprego, desacatos à cidadania, discriminações de toda ordem etc. Mas poderíamos também celebrar avanços como o crescimento junto à população da consciência sobre os direitos humanos.

Dentro da profusão de temas que se ofereciam, optei por refletir sobre racismo e direitos humanos, considerando também a data dedicada à exaltação de Zumbi dos Palmares.

Este capítulo resume as ideias centrais que partilhei com os companheiros, naquela oportunidade. Não me reporto neste texto ao que foi dito de improviso – o cotejo entre o que sonhei na juventude e o que construí na idade adulta.

cia, em qualquer parte do globo terrestre. Nenhuma justificativa admite o desrespeito desses direitos ou sua vigência parcial.

Dentre outros direitos humanos fundamentais destaco dois: a rejeição da tortura e a rejeição do racismo.

A tortura nunca pode ser aceita. Razões de Estado, razões de segurança pública, necessidade de apurar a autoria de crimes gravíssimos, nada justifica a tortura. Ela nega os sentimentos mais profundos de humanidade, anula o torturado e degrada o torturador.

Ao lado da tortura vejo o racismo como uma prática radicalmente inaceitável. Não pode haver qualquer tolerância com o racismo. Não pode ser admitido nem o racismo aberto nem o camuflado. O racismo atenta, na dimensão do absoluto, contra a dignidade da pessoa humana. Daí que ele não fere apenas a pessoa que é diretamente sua vítima, pois nega a dignidade humana, violenta todas as pessoas, indistintamente.

Muito oportunamente, o município de Vitória, por meio de sua Câmara Municipal, votou e aprovou, e, por seu prefeito, sancionou lei que criou o "Conselho Municipal do Negro", para implementar todas as políticas tendentes a vencer o racismo e exaltar a contribuição do negro na vida, na história e na cultura brasileira.

O município é o reduto supremo da cidadania. É no município que se plasmam os valores que devem fundamentar a consciência nacional. Por essa razão, o exemplo de Vitória, ao criar o Conselho Municipal do Negro, merece ser seguido pelas outras municipalidades do estado e do país.

Proclamar a igualdade de todos, reconhecer na diversidade de raças um sinal de unidade do ser humano, constitui missão civilizatória de primeira grandeza.

É de avanço em avanço que vamos construir este país. Não de cima para baixo, mas de baixo para cima. A partir do povo, dos trabalhadores, das pessoas simples, das comunidades, dos municípios, da fé que transpõe montanhas.

19. Direitos sociais na Constituição Federal de 1988

1. Os direitos sociais e sua enumeração

O primeiro artigo do capítulo dos Direitos Sociais, na Constituição brasileira, diz que são direitos sociais a educação, a saúde, o trabalho, o lazer, a segurança, a previdência social, a proteção e à maternidade e à infância e a assistência aos desamparados. Em seguida, a Constituição enumera os direitos dos trabalhadores urbanos e rurais, ressalvando que essa enumeração não exclui outros direitos que visem à melhoria de sua condição social. Veremos a explicação desses direitos nos itens que se seguem.

2. A proteção da relação de emprego. O seguro-desemprego e o fundo de garantia por tempo de serviço (FGTS)

A relação de emprego será protegida contra dispensa arbitrária ou sem justa causa, nos termos de lei complementar que deverá ser feita pelo Congresso Nacional. Essa lei deverá prever, dentre outros direitos, uma indenização compensatória para quem for despedido.

Este artigo restabeleceu o direito de indenização em favor do empregado, quando despedido, um direito de longa tradição no Brasil. Infelizmente não foi restaurada por via constitucional a estabilidade, que o trabalhador conquistava aos dez anos de serviço.

O direito à indenização compensatória por dispensa injusta restaurado pela Constituição depende da lei complementar para que se efetive.

Também será constitucionalmente possível e, a meu ver, ética, política e juridicamente recomendada a devolução da estabilidade aos trabalhadores.

Haverá um fundo de garantia por tempo de serviço, estabelece a Constituição. Haverá também seguro-desemprego, no caso de desemprego involuntário.

O FGTS, ao lado da indenização compensatória por despedida injusta, da estabilidade e do seguro-desemprego, comporia um bom sistema de segurança do emprego. Penso que os trabalhadores deveriam lutar por esse conjunto de medidas.

No momento em que se pretende reduzir direitos trabalhistas, creio que os trabalhadores, além de resistir à pretendida cassação de franquias, deveriam responder com o fortalecimento de suas aspirações no sentido da ampliação de seus direitos.

3. Salário mínimo; piso salarial; décimo terceiro salário; remuneração do trabalho noturno; participação nos lucros da empresa e salário-família

Haverá um salário mínimo nacional, fixado em lei. Esse salário mínimo deve atender às necessidades vitais básicas do trabalhador e de sua família. Deverá ser suficiente para cobrir as despesas com moradia, alimentação, educação, saúde, lazer, vestuário, higiene, transporte e previdência social. Em vista da inflação, o salário mínimo deverá ter reajustes periódicos que preservem seu poder aquisitivo.

Haverá piso salarial proporcional à extensão e à complexidade do trabalho. Esse piso beneficia os trabalhadores, distribuídos por categorias. Haverá também décimo terceiro salário, com base na remuneração integral ou no valor da aposentadoria.

O trabalho noturno terá remuneração superior à do trabalho diurno.

O trabalhador terá direito à participação nos lucros ou nos resultados da empresa, desvinculada da remuneração. Excepcionalmente, terá também direito de participar na gestão da empresa. Esses direitos, prescritos pela Constituição, estão a depender de regulamentação por lei.

Os dependentes dos trabalhadores terão direito a salário-família.

4. A jornada máxima semanal, a jornada nos turnos ininterruptos de revezamento, o repouso semanal remunerado e a remuneração das horas extras

O trabalhador terá direito a uma jornada máxima semanal de quarenta e quatro horas. A duração do trabalho normal não pode exceder oito horas diárias.

Lutaram os trabalhadores, na Constituinte, por uma jornada de quarenta horas. Conseguiram uma vitória parcial, reduzindo quatro horas semanais da jornada de trabalho.

No caso de trabalho realizado em turnos ininterruptos de revezamento, a jornada máxima é de seis horas, salvo negociação coletiva.

Haverá repouso semanal remunerado, de preferência aos domingos.

A remuneração das horas extras será superior em cinquenta por cento, no mínimo, à remuneração da hora normal.

5. Férias anuais, licença-maternidade e a licença-paternidade, proteção ao trabalho da mulher e aviso prévio

O trabalhador terá direito a férias anuais remuneradas. A remuneração das férias será superior à normal em, pelo menos, um terço.

A gestante terá direito a uma licença de cento e vinte dias, sem prejuízo do emprego e do salário.

Haverá licença-paternidade, como definido em lei.

O mercado de trabalho da mulher deverá ser protegido mediante incentivos específicos, da forma que vier a ser disciplinado pela lei.

Caso haja necessidade de dispensa do trabalhador, este deverá receber o aviso prévio proporcional ao tempo trabalhado. Esse critério de proporcionalidade do aviso prévio, estabelecido pela Constituição, ainda está na dependência de regulamentação por lei. Entretanto, a Constituição já estabeleceu que o prazo mínimo do aviso prévio é de 30 dias.

6. Atividades penosas, insalubres ou perigosas; aposentadoria e seguro contra acidentes de trabalho

Ao exercer atividades penosas, insalubres ou perigosas o trabalhador terá direito a um adicional de remuneração, na forma da lei. E terá direito à aposentadoria.

O seguro contra acidentes de trabalho ficará a cargo do empregador, sem excluir a indenização a que está obrigado, quando incorrer em dolo ou culpa para a ocorrência do acidente.

7. Proibição de discriminações no trabalho, restrições ao trabalho de menores e direitos dos trabalhadores domésticos

Diferenças salariais por causa do exercício de funções e de critério de admissão por motivo de sexo, idade, cor ou estado civil serão proibidas. Será proibida também qualquer discriminação no tocante a salário e critérios de admissão do trabalhador portador de deficiência. A Constituição proíbe, por fim, distinção entre trabalho manual, técnico e intelectual ou entre os profissionais respectivos.

O trabalho noturno, perigoso ou insalubre está proibido aos menores de 18 anos. Aos menores de 14 anos é proibido qualquer trabalho, salvo na condição de aprendiz. A ressalva admitida pela Constituição (*salvo a condição de aprendiz*) pode ser a porta aberta para a institucionalização do trabalho dos menores de 14 anos – motivo que não inspirou essa ressalva.

Asseguram-se à categoria dos trabalhadores domésticos os seguintes direitos: salário mínimo, irredutibilidade do salário, décimo terceiro salário, repouso semanal remunerado, férias anuais remuneradas, licença de cento e vinte dias à gestante, licença-paternidade, aviso prévio no caso de dispensa, aposentadoria e integração à previdência social.

8. Liberdade de associação profissional ou sindical e direito de greve

Será livre a associação profissional ou sindical e proibida a criação de mais de uma organização sindical, em qualquer grau, representativa de categoria profissional ou econômica, na mesma base territorial. Essa base territorial será definida pelos trabalhadores ou empregadores interessados. Não poderá, contudo, em qualquer hipótese, ser inferior à área de um município.

Ao sindicato cabe a defesa dos direitos e interesses coletivos ou individuais da categoria, inclusive em questões judiciais ou administrativas.

Será assegurado o direito de greve, competindo aos trabalhadores decidir sobre a oportunidade de exercê-lo e sobre os interesses que devam defender por meio da greve. A lei definirá os serviços ou atividades essenciais e disporá sobre o atendimento das necessidades inadiáveis da comunidade.

20. Nacionalidade e direitos políticos na Constituição Federal de 1988

1. A nacionalidade

A Constituição estabelece quais são os brasileiros natos e quais são os naturalizados. Impõe pouquíssimas restrições de direitos aos naturalizados, pelo que podemos afirmar que o Brasil é um país liberal nesta matéria.

São brasileiros natos:

a) os nascidos no Brasil, ainda que de pais estrangeiros, desde que estes não estejam a serviço de seu país;

b) os nascidos no estrangeiro, de pai brasileiro ou mãe brasileira, desde que qualquer deles esteja a serviço do Brasil;

c) os nascidos no estrangeiro, de pai brasileiro ou mãe brasileira, desde que sejam registrados em repartição brasileira competente ou venham residir no Brasil antes da maioridade e, alcançada esta, optem em qualquer tempo pela nacionalidade brasileira.

São brasileiros naturalizados:

a) os que, na forma da lei, adquiram a nacionalidade brasileira, exigida aos originários de países de língua portuguesa apenas residência por um ano ininterrupto e idoneidade moral;

b) os estrangeiros de qualquer nacionalidade, residentes no Brasil há mais de 30 anos ininterruptos, sem condenação criminal, desde que requeiram a nacionalidade brasileira.

Aos portugueses com residência permanente no Brasil, se houver reciprocidade em favor dos brasileiros, serão atribuídos os direitos inerentes ao brasileiro nato, salvo os casos previstos na Constituição.

Alguns cargos são privativos de brasileiro nato. Assim só brasileiros natos podem ser: Presidente e Vice-Presidente da República, Presidente da Câmara dos Deputados e do Senado Federal, Ministro do Supremo Tribunal Federal, membro da carreira diplomática e oficial das Forças Armadas.

2. Os direitos políticos

Pela Constituição, o alistamento eleitoral e o voto são obrigatórios para os maiores de 18 anos. O alistamento e o voto são facultativos para os analfabetos, os maiores de 70 anos e os maiores de 16 e menores de 18 anos.

O voto facultativo para os maiores de 16 anos, estabelecido pela Constituição de 1988, consubstanciou uma inovação progressista.

Diz a Constituição que a soberania popular será exercida pelo sufrágio universal e pelo voto direto e secreto, com igual valor para todos, e, nos termos da lei, mediante:

a) plebiscito;
b) referendo;
c) iniciativa popular.

O plebiscito é o pronunciamento do povo sobre a conveniência ou inconveniência de uma lei a ser feita pelo parlamento, ou mesmo a respeito de um tema constitucional.

Em 21 de abril de 1992, o eleitorado brasileiro decidiu que o Brasil deveria continuar como república presidencialista. Recusou, por meio dessa escolha, a monarquia e o parlamentarismo.

O referendo é uma consulta ao povo a respeito do texto de uma lei ou reforma constitucional, quase sempre posterior à sua elaboração.

A iniciativa popular é o mecanismo que permite ao eleitorado propor uma lei ao poder legislativo.

A Constituição prevê a iniciativa popular de leis complementares e ordinárias. Diz que a iniciativa popular pode ser exercida pela apresentação à Câmara dos Deputados de projeto de lei subscrito por um por cento do eleitorado nacional, no mínimo. Os proponentes devem estar distribuídos no mínimo em cinco estados. E em cada um desses estados a proposta deve ser assinada por não menos de três décimos por cento dos eleitores.

A Comissão Brasileira de Justiça e Paz, com apoio da Ordem dos Advogados do Brasil (OAB) e outras entidades, patrocinou proposta de lei de iniciativa popular sobre corrupção eleitoral. A iniciativa foi vitoriosa e resultou em lei que tem segura possibilidade de coibir a corrupção eleitoral no país.

A Constituição Federal consagrou também a iniciativa popular de projetos de lei de interesse específico de município, de cidade ou de bairros, por meio de manifestação de, pelo menos, cinco por cento do eleitorado.

Quanto à iniciativa popular de leis, no âmbito dos estados da Federação, o assunto foi regulado pelas respectivas Constituições Estaduais.

A Constituição não admitiu a proposta de emendas constitucionais por via de iniciativa popular.

3. Os partidos políticos

Diz a Constituição que é livre a criação, fusão, incorporação e extinção de partidos políticos, resguardados o regime democrático, o pluripartidarismo, os direitos fundamentais da pessoa humana e a soberania nacional.

Estabelece a Constituição brasileira como requisitos dos partidos políticos:

a) caráter nacional;

b) proibição de recebimento de recursos financeiros de entidade ou governo estrangeiros ou subordinação a estes;

c) prestação de contas à Justiça Eleitoral;

d) funcionamento parlamentar, de acordo com a lei.

É assegurado aos partidos políticos autonomia para definir sua estrutura interna, organização e funcionamento. Devem seus estatutos estabelecer normas de fidelidade e disciplina partidárias.

Os partidos políticos têm direito a recursos do fundo partidário e acesso gratuito ao rádio e à televisão, na forma da lei.

É proibido aos partidos a utilização de organização paramilitar.

A nosso ver, o aprimoramento dos partidos políticos é essencial ao aperfeiçoamento da democracia brasileira.

21. Direitos humanos
nas constituições brasileiras:
uma colocação global do problema
a título de conclusão da sinopse histórica

1. Países de Constituição flexível
e de Constituição rígida

Nos países de Constituição flexível (a Inglaterra é o exemplo mais expressivo), sabe-se que não existe, a rigor, a supremacia de uma lei sobre a outra. Um ato do parlamento ordinário revogaria, na Inglaterra, o *habeas corpus*, embora seja difícil conceber que a Inglaterra abrisse mão, por um ato legislativo, de oito séculos de cultura jurídica expressos nesse importante instituto do direito (só lamento que países como a Inglaterra e outros que têm todo um arcabouço jurídico interno digno de homenagem não sustentem, nas relações internacionais, o mesmo culto ao direito).

Nos países de Constituição rígida (o Brasil é, tradicionalmente, um desses), a Constituição é a lei maior, Carta Magna, superior às demais leis. Lei que contraria a Constituição é inconstitucional. E entende-se por constitucional tudo que diz respeito aos limites e atribuições dos poderes políticos, bem como aos direitos políticos e individuais dos cidadãos.

2. Preceitos que as Constituições brasileiras, no curso da História, resguardaram como inalteráveis

A primeira Constituição republicana (1891), ao tratar de sua própria reforma, determinava que não podiam ser objeto de deliberação, no Congresso, projetos propensos a abolir a forma republicano-federativa ou a igualdade de representação dos estados no Senado (art. 90, parágrafo 4º).

A Constituição de 1934 distinguiu emenda e revisão. Emenda é a alteração que não modifica a estrutura política do Estado e a organização ou a competência dos poderes da soberania. Revisão é a alteração nesses pontos (art. 178). Não são admitidos, como objeto de deliberação, projetos tendentes a abolir a forma republicana federativa (art. 178, parágrafo 5º).

Na Constituição de 1946 novamente se estabeleceu que não seriam objeto de deliberação projetos propensos a abolir a Federação ou a República.

3. Tese que defendo: preceitos constitucionais mera mente formais e preceitos constitucionais históricos ou solidificados

Dentro de um formalismo técnico, em países de Constituição rígida, constitucional é todo dispositivo constante da Constituição vigente. Não há que cuidar de antigas Constituições.

Se for dada, contudo, à tarefa hermenêutica uma maior abertura, se for adotada uma postura sociológica, o exame de textos constitucionais que já não têm vigência passa, a meu ver, a ser interessante.

Da mesma forma que a Constituição distingue preceitos constitucionais reformáveis e preceitos constitucionais irreformáveis, penso que o cientista do direito possa distinguir preceitos constitucionais meramente formais e preceitos constitucionais históricos ou solidificados.

Por preceitos constitucionais meramente formais denomino aqueles que integram a Constituição vigente. Por preceitos constitucionais históricos ou solidificados designo aqueles que integram a verdadeira Constituição do país, ou seja, preceitos que realmente orientaram e comandaram a estrutura política do Estado através dos tempos.

Quando os preceitos constitucionais formais afrontam preceitos constitucionais historicamente solidificados e vigoram por outorga, resulta dessa anomalia um divórcio entre o Estado (outorgante dos preceitos formais) e a Nação (detentora dos preceitos históricos solidificados).

4. Visão científica e sociológica: direitos humanos, no Brasil, são "constitucionais" – a tradição constitucio nal aponta em direção do respeito a tais direitos

No Brasil, os preceitos constitucionais historicamente solidificados dão plena acolhida aos direitos humanos. Em outras palavras: numa visão científica e sociológica do direito constitucional, os direitos humanos, no Brasil, são "constitucionais". E isso porque a tradição constitucional brasileira predominantemente aponta no sentido do respeito aos direitos humanos.

Não obstante a luta, na história das ideias políticas no país, entre o pensamento autoritário e o pensamento liberal, prevaleceu a orientação liberal nos grandes textos de afirmação do pensamento político e jurídico nacional.

A afirmação de que os direitos humanos, como entendidos nos respectivos momentos históricos, foram consagrados nos grandes

– 147 –

textos do pensamento político e jurídico nacional, não significa dizer que efetivamente houve a vigência desses direitos no país. Sempre se assistiu a uma contradição lamentável. De um lado, a proclamação constitucional de direitos. De outro, o desrespeito amplo aos direitos proclamados na vida concreta do povo.

Entretanto, creio que as aspirações nacionais – e mais ainda as aspirações nacionais contemporâneas – apontam no sentido de uma *cultura dos direitos humanos.*

O período pré-Constituinte, que o país viveu entre 1985 e 1988, dá a tônica dessa realidade. Nessa época, todas as correntes de opinião puderam expressar-se livremente.

Desse modo, em algumas questões, houve muita divergência de opiniões. Entretanto, como uma constante, afirmou-se nas múltiplas manifestações de vontade da sociedade civil organizada uma filosofia de acolhimento aos direitos humanos.

Os valores que alimentam os direitos humanos podem ser identificados na grande maioria das emendas populares, bem como nas sugestões formais e informais apresentadas aos constituintes durante todo o debate público.

As emendas populares, patrocinadas em sua maioria por entidades do movimento popular,[53] defenderam os mais importantes direitos humanos. A leitura do texto dessas emendas

---

[53] Examinando o conjunto das emendas populares, é possível verificar que foram capitaneadas, em sua maioria, por sindicatos de trabalhadores e associações profissionais, associações de moradores, associações de deficientes físicos, grupos feministas, associações ecológicas e de defesa das populações indígenas, associações comunitárias, entidades de direitos humanos, instituições de defesa da criança, associações da juventude, igrejas etc. Cf. ASSEMBLEIA NACIONAL CONSTITUINTE – COMISSÃO DE SISTEMATIZAÇÃO. *Emendas Populares – volumes 1 e 2.* Brasília: Centro Gráfico do Senado Federal, 1987.

revela que os grandes temas que as inspiraram foram os direitos do idoso, da criança, do adolescente, do deficiente, da mulher, dos trabalhadores, do consumidor, das populações indígenas, das minorias oprimidas, dos presos; os direitos ao amplo exercício da cidadania, à ação popular, ao *habeas corpus* e ao *habeas data*, à liberdade de manifestação do pensamento, à democratização dos meios de comunicação, à escola pública e ao ensino público gratuito; direitos à democracia racial, à ecologia etc.[54]

E alguém deseja o contrário? Alguma parcela da opinião pública advogou a volta do arbítrio, a supressão de eleições, a elitização da cidadania, a democracia tutelada, o racismo, as restrições à liberdade, a censura à imprensa, a redução de direitos do trabalhador, a discriminação da mulher? Certamente que não.

---

[54] Cf. Assembleia Nacional Constituinte – Comissão de Sistematização. *Emendas Populares – 1 e 2*. Brasília. Centro Gráfico do Senado Federal, 1987.

QUESTÕES PARA REVISÃO DA QUARTA PARTE

A) Questões para verificar a aprendizagem

1. Compare a explicitação dos direitos humanos na Primeira Constituição Republicana, na Constituição de 1934, na Constituição de 1946 e na Constituição de 1988.

2. Quais foram as principais franquias asseguradas pela Constituição de 1988?

3. Compare e explique semelhanças e diferenças: *habeas corpus* e *habeas data*.

4. Faça um resumo de um dos capítulos desta Quarta Parte.

B) Questões para aprofundar o conhecimento

1. Pesquise e redija um texto: *a relevância das emendas populares no processo constituinte do qual resultou a Constituição de 1988.*

2. Aponte quais direitos sociais, previstos na Constituição Federal Brasileira de 1988, dependem de regulamentação e ainda não foram regulamentados.

3. Faça uma pesquisa sobre o desrespeito aos direitos humanos ou sobre a luta em defesa dos direitos humanos, a partir de recortes de jornal.

Quinta Parte

A Declaração
Universal dos
Direitos Humanos

22. O preâmbulo da Declaração Universal dos Direitos Humanos. A afirmação da igualdade dos homens e de sua dignidade

O texto da Declaração Universal dos Direitos Humanos começa com um breve histórico do documento.

Esse trecho de abertura, abaixo transcrito, registra que em 10 de dezembro de 1948 a Assembleia Geral das Nações Unidas adotou e proclamou a Declaração Universal dos Direitos do Homem.

É lembrado também, nessa introdução, que a própria Assembleia Geral pediu que todos os países membros da ONU publicassem o texto da Declaração, para que fosse disseminado, mostrado, lido e explicado, principalmente nas escolas e outras instituições.

Logo depois do histórico, registra-se novamente o nome do documento, com a menção de que foi aprovado em Resolução da Terceira Sessão Ordinária da Assembleia Geral das Nações Unidas.

Em seguida aparece o subtítulo "preâmbulo". O preâmbulo é constituído por sete períodos, todos iniciados com a palavra "considerando".

– 153 –

A Declaração Universal começa com a enunciação desses sete *considerandos*.

Esses considerandos pretendem justificar as razões pelas quais a Assembleia Geral da ONU proclamou a Declaração Universal dos Direitos Humanos.

Após o preâmbulo seguem-se os artigos.

O primeiro artigo aqui transcrito proclama que:

a) todos os homens nascem livres e iguais em dignidade e direitos;

b) todos os homens são dotados de razão e consciência;

c) o espírito de fraternidade deve orientar as relações entre as pessoas.

Na primeira afirmação, o artigo consagra a liberdade. Os homens nascem livres, não nascem escravos. A liberdade é traço que caracteriza e define a condição humana.

Os homens nascem iguais. Não há privilégios de nascimento. Em outras palavras, o que se estabelece é a igualdade universal entre os seres humanos.

Diz-se depois que todos os homens são dotados de razão e consciência. A razão, a consciência, não é privilégio de uma classe, estamento ou grupo de pessoas. Em razão de sua humanidade, toda pessoa é capaz de pensar e decidir. Não há iluminados, predestinados ou escolhidos. Em nome de uma pretensa e falsa "iluminação", pessoas ou grupos de pessoas pretenderam e ainda pretendem, no correr da História e no mundo contemporâneo, usufruir de título para pensar, julgar e decidir pelos outros. Deve ser banida toda ideia de superioridade, deve ser rejeitado todo falso argumento que tenha como objetivo dominar e oprimir pessoas, classes, raças ou povos.

Há pessoas que não são dotadas de razão ou têm a razão bloqueada por doença, em grau maior ou menor, e esta carência, ou déficit intelectual, pode ser de nascença ou sobrevir no curso da existência humana. Essas pessoas têm a mesma dignidade humana que as demais. Para ser ainda mais justo, nestas pessoas a dignidade humana deve ser realçada. Elas têm direito a educação especial, sagrado respeito e carinho.

Diz finalmente o artigo que as pessoas devem agir umas em relação às outras com espírito de fraternidade.

DECLARAÇÃO UNIVERSAL DOS DIREITOS DO HOMEM

Aprovada em Resolução da Terceira Sessão Ordinária da Assembleia Geral das Nações Unidas.

Preâmbulo:

Considerando *que o reconhecimento da dignidade inerente a todos os membros da família humana e de seus direitos iguais e inalienáveis é o fundamento da liberdade, da justiça e da paz no mundo;*

Considerando *que o desprezo e o desrespeito pelos direitos do homem resultaram em atos bárbaros que ultrajaram a consciência da Humanidade e que o advento de um mundo em que os homens gozem de liberdade de palavra, de crença e da liberdade de viverem a salvo do temor e da necessidade foi proclamado como a mais alta aspiração do homem comum;*

Considerando *ser essencial que os direitos do homem sejam protegidos pelo império da lei, para que o homem não seja compelido, como último recurso, à rebelião contra a tirania e a opressão;*

Considerando *ser essencial promover o desenvolvimento de relações amistosas entre as Nações;*

Considerando *que os povos das Nações Unidas reafirmaram, na Carta, sua fé nos direitos fundamentais do homem, na dignidade e no valor da pessoa humana e na igualdade de direitos do homem e da mulher e que decidiram promover o progresso social e melhores condições de vida em uma liberdade mais ampla;*

Considerando *que os Estados Membros se comprometeram a promover, em cooperação com as Nações Unidas, o respeito universal aos direitos e liberdades fundamentais do homem e a observância desses direitos e liberdades;*

Considerando *que uma compreensão comum desses direitos e liberdades é da mais alta importância para o pleno cumprimento desse compromisso;*

Agora portanto
A ASSEMBLEIA GERAL
proclama

A PRESENTE DECLARAÇÃO UNIVERSAL DOS DIREITOS DO HOMEM como o ideal comum a ser atingido por todos os povos e todas as Nações, com o objetivo de que cada indivíduo e cada órgão da sociedade, tendo sempre em mente esta Declaração, esforce-se, através do ensino e da educação, por promover o respeito a esses direitos e liberdades e, pela adoção de medidas progressivas de caráter nacional e internacional, por assegurar o seu reconhecimento e a sua observância universais e efetivos, tanto entre os povos dos próprios Estados Membros quanto entre os povos dos territórios sob sua jurisdição.

Artigo I. *Todos os homens nascem livres e iguais em dignidade e direitos. São dotados de razão e consciência e devem agir em relação uns aos outros com espírito de fraternidade.*

– 156 –

Leitura complementar

A CARTA DAS NAÇÕES UNIDAS, OS DIREITOS HUMANOS E O DEBATE DO TEMA NO BRASIL

No Brasil o clima de interesse pela questão dos direitos humanos tem crescido muito. Tanto a discussão teórica e geral, sempre importante, quanto a discussão concreta, em relação à realidade de estados, municípios e regiões.

As Comissões de Direitos Humanos e órgãos similares multiplicam-se por todo o território nacional: comissões ligadas às OABs, às Igrejas, a Assembleias Legislativas, a Câmaras Municipais, Comissões de origem popular que testemunham o grito da sociedade no sentido da construção de um Brasil mais justo e digno para todos.

Em muitos estados da Federação (São Paulo, Espírito Santo e outros), a partir de comissões, como Justiça e Paz, que surgiram em plena ditadura militar, por inspiração da Igreja Católica (mas numa abertura ecumênica), muitos frutos e sementes brotaram.

A Carta das Nações Unidas, que criou a ONU, estabeleceu como um dos propósitos desse organismo internacional promover e estimular o respeito aos direitos humanos.

Em atendimento a esse objetivo, o Conselho Econômico e Social, órgão responsável por esta matéria no seio da ONU, criou a Comissão de Direitos Humanos. Tal comissão, como primeira empreitada, discutiu e votou a Declaração Universal dos Direitos Humanos, submetida depois à Assembleia Geral.

A Assembleia Geral da ONU aprovou e proclamou solenemente a Declaração Universal dos Direitos Humanos no dia 10 de dezembro de 1948.

O trabalho da ONU, em favor dos direitos humanos, não tem sido realizado pelo Conselho de Segurança, um esdrúxulo organismo no qual as nações poderosas têm "poder de veto", em radical antagonismo ao princípio da igualdade jurídica das nações. A igualdade jurídica das nações, postulada na mais profunda ética, foi defendida por Rui Barbosa, na Conferência de Haia, em 1907.

A luta da ONU pelos direitos humanos deve ser creditada a suas agências especializadas e à Assemblea Geral, um organismo democrático no qual se assentam, com igualdade, todas as nações.

Se a ONU tem falhado no que tange a seu papel de guardiã da paz, não se pode deixar de reconhecer seu mérito em outros campos de atuação. É magnífico o seu trabalho na educação, na saúde, na defesa e proteção de refugiados, na luta contra a miséria, na luta pela preservação do meio ambiente, na construção de uma ideologia da paz.

O mundo não é tão bom quanto queremos, sob a bandeira da ONU, mas seguramente seria pior se a ONU não existisse.

As forças que lutam pelos direitos humanos, pela germinação de uma consciência de paz e tolerância no coração dos povos, pela educação, saúde, meio ambiente, em favor dos refugiados, dentro da ONU, não são as mesmas forças que subscrevem a guerra e sustentam políticas opressivas. Essas são contradições presentes nas mais diversas instituições humanas.

23. A repulsa a discriminações, servidão, escravidão. O direito à vida, à liberdade e à segurança pessoal

1. Repulsa às discrimações

O artigo 2, transcrito a seguir, afirma, no seu início, que todo homem tem capacidade para gozar os direitos e as liberdades "sem distinção de qualquer espécie" e passa a enumerar, como exemplos, as discriminações mais comuns.

No final, o artigo fecha seu sentido com a cláusula: "ou qualquer outra condição". Vale dizer: todo homem tem capacidade para gozar os direitos e as liberdades sem as discriminações enunciadas ou sob pretexto de qualquer outra condição.

O artigo consagra assim a "absoluta igualdade de todos os seres humanos" para gozar dos direitos e das liberdades que a Declaração Universal dos Direitos Humanos assegura.

A cláusula "sem distinção de qualquer espécie", no início do parágrafo, e a cláusula "ou qualquer outra condição", no final do parágrafo, são cláusulas generalizadoras da maior importância. Estas, segundo entendimento que julgo correto, proíbem todas as discriminações. Isto é, são rechaçadas mesmo aquelas discriminações não enunciadas no texto. Assim, atentam contra os direitos

– 159 –

humanos as discriminações contra o homossexual, contra o aidético, contra o deficiente físico ou mental, contra o ex-presidiário, contra a prostituta, contra o apátrida, contra o analfabeto, contra o velho e quaisquer outras. Todas as discriminações, mesmo veladas, que visem a rotular pessoas, afrontam esses direitos. Nenhuma exclusão ou marginalização de seres humanos pode ser tolerada.

O parágrafo 2º do artigo 2 coloca sob a proteção dos direitos humanos as pessoas cujo país ou território se encontre nas mais difíceis situações políticas. As situações enumeradas são exemplificativas: a) quando o país é invadido por tropas de ocupação; b) quando o país tem o estatuto de colônia ou qualquer outra situação de inferioridade jurídica; c) quando o país abriga um povo que está lutando pela independência e pelo consequente direito de constituir-se como Estado.

Artigo II. 1 - Todo homem tem capacidade para gozar os direitos e as liberdades estabelecidos nesta Declaração, sem distinção de qualquer espécie, seja de raça, cor, sexo, língua, religião, opinião política ou de outra natureza, origem nacional ou social, riqueza, nascimento ou qualquer outra condição.

2 - Não será também feita nenhuma distinção fundada na condição política, jurídica ou internacional do país ou território a que pertença uma pessoa, quer se trate de um território independente, sob tutela, sem governo próprio, quer sujeito a qualquer outra limitação de soberania.

2. Direito à vida, à liberdade e à segurança pessoal

O artigo 3, que também reproduzo, consagra em favor do ser humano um tríplice direito: à vida, à liberdade e à segurança pessoal.

– 160 –

O direito à vida parece ser o mais radical e primário direito humano; deve ser entendido em toda a sua plenitude e dimensão. Compreende:

a) o direito de nascer;
b) o direito de permanecer vivo;
c) o direito de alcançar uma duração de vida compatível com as possibilidades e potencialidades das ciências e técnicas humanas, num determinado momento histórico;
d) o direito de não ser privado da vida através da pena de morte.

O direito à liberdade é complementar do direito à vida. Significa a supressão de todas as servidões e opressões.

A liberdade é a faculdade de escolher o próprio caminho, de tomar as próprias decisões, de ser de um jeito ou de outro, de optar por valores e ideias, de afirmar a individualidade, a personalidade.

A liberdade é um valor que integra a dignidade do ser, uma vez que decorre da inteligência e da vontade, duas características da pessoa humana.

Para que a liberdade seja efetiva, não basta um hipotético direito de escolha. É preciso que haja a possibilidade concreta de realização das escolhas.

O direito à segurança pessoal é o direito de viver sem medo, protegido pela solidariedade e livre de agressões externas constrangedoras ou violadoras do ser.

Artigo III. *Todo homem tem direito à vida, à liberdade e à segurança pessoal.*

3. Intransigência radical para com a escravidão, a servidão, o tráfico de escravos

Finalmente, comento o artigo 4 (abaixo transcrito), que não transige com escravidão, servidão, tráfico de escravos, qualquer que seja a forma como se apresente.

Só aparentemente este artigo está divorciado dos tempos modernos. Isso porque só foram suprimidos da face da Terra a escravidão, a servidão e o tráfico de escravos na sua modalidade clássica.

A escravidão é a utilização, em proveito próprio, do trabalho alheio. O escravo, como mercadoria, podia ser vendido. Era um ser humano sem personalidade, mérito ou valor.

A servidão era a base do feudalismo, sistema social característico da Idade Média. O servo pagava ao senhor feudal uma taxa, quase sempre em mercadoria, pela utilização do solo, taxa que normalmente superava a metade da colheita. Quando o servo se casava, a primeira noite pertencia ao castelão (direito às primícias).

Não obstante as condições do servo não diferissem muito das do escravo, a servidão foi um passo na ascensão do trabalhador. Este deixou de ser escravo do homem, embora passasse a ser escravo da gleba. De certa maneira, o trabalhador se tornava pessoa.

Com cores assim cruas, a escravidão e a servidão não existem mais. Entretanto permanecem, no mundo de hoje, outras formas de escravidão e servidão, camufladas, mas não menos cruéis.

Continua havendo, mesmo no Brasil, tráfico de trabalhadores. Pessoas inescrupulosas, valendo-se do desespero e da fome de seres humanos, fazem promessas enganosas de uma vida melhor a esses infelizes e os transportam para lugares distantes, onde são explorados como escravos. Espoliados, pisoteados e oprimidos, não têm possibilidade de voltar ao lugar de origem.

Mesmo nos países ricos, os trabalhadores estrangeiros são explorados, mantidos numa condição semelhante à de escravos.

Artigo IV. *Ninguém será mantido em escravidão ou servidão; a escravidão e o tráfico de escravos serão proibidos em todas as suas formas.*

24. Tortura, não. Pessoa, sim

1. O artigo 5 e a intolerância à tortura

Não são tolerados, segundo o artigo 5 (transcrito a seguir), a tortura, castigo cruel, desumano ou degradante contra quem quer que seja.

A polícia, ou qualquer autoridade pública, não pode torturar uma pessoa para que confesse um crime, ainda que se trate de um crime muito grave.

Nenhuma situação política ou social, mesmo de emergência, mesmo de alegada ou real defesa do Estado e das instituições, justifica a tortura.

A tortura anula o torturado e degrada o torturador. Aquele que tortura alguém fica muito abaixo dos animais. Os animais, mesmo as feras, não torturam outro animal. O animal disputa a caça e a sobrevivência, fere e mata para comer ou realizar instintos primários, mas não tortura. O homem é o único ser, em toda a escala animal, que pratica a tortura.

Os maus-tratos a presos não são admitidos.

Mesmo que seja autor de um gravíssimo delito, o homem não deixa de ser um ser humano.

O delito é uma falta individual, de um ser da sociedade. A tortura e os castigos cruéis, se praticados por uma autoridade ou agente de autoridade, são mais graves que o delito individual. Isso porque tais atos são praticados em nome, sob a proteção ou com os instrumentos e recursos do Estado.

O Estado está sujeito a uma ética, a um código moral que deve ser mais rigoroso do que o dos indivíduos.

Artigo V. *Ninguém será submetido a tortura, nem a tratamento ou castigo cruel, desumano ou degradante.*

2. O artigo 6 e a proclamação universal do ser pessoa

Segundo se depreende da interpretação do artigo 6, todo ser nascido de mulher é pessoa e tem o direito de ser reconhecido como tal perante a lei.

Nenhuma exclusão a esse princípio universal pode ser admitida.

O direito ao reconhecimento como pessoa está em todo e em qualquer lugar onde alguém se encontre:

a) esteja a pessoa em seu país ou fora dele;

b) seja portadora de nacionalidade e passaporte ou se trate de um apátrida (aquela pessoa que não está sob o abrigo de uma pátria, perdida no mundo, desamparada);

c) seja nacional de um Estado ou membro de uma nacionalidade que não se constituiu em Estado.

O direito ao reconhecimento como pessoa atinge todas as situações, inclusive aquelas extremamente desfavoráveis. É pessoa quem está preso porque cometeu um grave delito.

É pessoa quem está sendo procurado pela polícia, por qualquer razão. É pessoa quem é açulado pela fúria das multidões. É pessoa o portador de séria e terrível deformidade física ou mental. É pessoa o rejeitado pela sociedade, o proscrito, o perseguido, o que é definido ou rotulado como "inimigo público número 1".

Também é pessoa quem praticou crimes contra um povo, quem degradou a pessoa humana. Esta afirmação pode parecer contraditória: mesmo quem praticou crimes contra todo um povo, mesmo quem vilipendiou a pessoa humana continua sendo pessoa, continua merecendo ser tratado como pessoa? A resposta é sim. A civilização que trata a barbárie com selvageria está se equiparando à barbárie.

Artigo VI. Todo homem tem o direito de ser, em todos os lugares, reconhecido como pessoa perante a lei.

3. A tortura e o ser pessoa

Não por coincidência, mas por fidelidade doutrinária, a proscrição da tortura e o reconhecimento de todo ser humano como pessoa aparecem lado a lado na Declaração Universal dos Direitos Humanos: artigos 5 e 6.

A repulsa à tortura significa, pura e simplesmente, a afirmação de que todo ser humano tem o direito de ser reconhecido como pessoa. O abandono desse princípio, a tolerância para com a tortura, jogaria por terra toda a Declaração Universal dos Direitos Humanos.

As Cartas de Direitos posteriores à Declaração Universal dos Direitos Humanos, como a Carta Africana, a Carta Islâmica e a

Carta Americana de Direitos e Deveres do Homem referendaram as ideias acolhidas pelos artigos 5 e 6 da primeira.

A Declaração Universal dos Direitos dos Povos e a Carta de Direitos proclamada pelos Povos Indígenas do Mundo não se referem, expressamente, a direitos individuais específicos.

Entretanto, implicitamente, esses documentos abrigam, na dimensão cósmica de seus postulados, todos os direitos humanos particularizados na Declaração Universal dos Direitos Humanos.

Todas essas cartas, na sua essência e no seu espírito, recusaram a prática da tortura, bem como os tratamentos degradantes ou o castigos cruéis impostos às pessoas.

Da mesma forma, foi sufragado pelas diversas cartas o princípio de que todo ser humano tem o direito ao reconhecimento de sua condição de pessoa.

Não bastam as declarações solenes expressas em cartas de direitos. Trava-se nos dias de hoje uma luta universal contra a prática da tortura, que, lamentavelmente, não é uma violação da dignidade humana presente nas brumas do passado.

No âmbito das Nações Unidas, são passos extremamente relevantes: a Convenção das Nações Unidas contra a tortura; as regras mínimas para o tratamento dos reclusos; as regras mínimas para a administração da justiça de menores; a declaração sobre princípios fundamentais de justiça para as vítimas de delitos e do abuso de poder.

A "Convenção contra a Tortura e outros Tratamentos ou Penas Cruéis, Desumanas ou Degradantes" foi adotada e aberta a adesões pela Assembleia Geral da ONU em 10 de dezembro de 1984. Ela entrou em vigor em 26 de junho de 1987.

A Convenção contra a Tortura e outros Tratamentos ou Penas Cruéis, Desumanas ou Degradantes definiu como tortura todo ato pelo qual funcionário ou pessoa no exercício de função pública submeta, intencionalmente, uma pessoa a dores ou sofrimentos graves, com a finalidade de obter uma confissão ou com o propósito de castigar, intimidar ou coagir. Essa submissão à tortura tanto pode ser física como moral ou mental.

Também no seio da sociedade civil é ampla a luta contra a tortura.

Em 1974, funda-se na França a Ação dos Cristãos pela Abolição da Tortura (ACAT), que hoje funciona com vigor em nosso país.

Essa associação reúne católicos, ortodoxos e protestantes. Em nome do Evangelho seus filiados lutam pelos direitos humanos em geral, mas muito especialmente pela abolição da tortura em todo o planeta.

Como a Anistia Internacional, um dos grandes instrumentos de trabalho da ACAT é a correspondência internacional, utilizada para sensibilizar e pressionar governos refratários a respeitarem os direitos humanos.

A correspondência é também adotada como forma de levar solidariedade e calor humano a pessoas que se encontram em estado de solidão ou em desespero. Nessa hipótese, em alguns casos, os militantes e as instituições que promovem esse trabalho têm de vencer barreiras terríveis para que as cartas cheguem aos destinatários.

No Brasil, inúmeros grupos de direitos humanos têm tido extrema sensibilidade para com o problema da tortura.

A tortura política acabou no país com a queda da ditadura militar de 1964. Mas a tortura contra o preso comum é prática diuturna nas delegacias, cadeias e prisões em geral.

Centros de Defesa de Direitos Humanos, Comissões de Justiça e Paz, Conselhos Seccionais e Comissões de Direitos Humanos das OABs, Pastorais Carcerárias etc. têm vigiado e denunciado com veemência a prática da tortura nos presídios.

Dentre os grupos que lutam contra a tortura existe um que faz da abolição da tortura a sua razão de ser. É o grupo Tortura Nunca Mais.

Apesar dos fatos dramáticos de tortura que a imprensa registra, o crescimento da consciência da dignidade humana e da cidadania tem felizmente marcado o cotidiano da vida brasileira.

É assim que vejo, com esperança, o eco, em nosso país, do grande grito de Justiça, Paz e Humanismo: Tortura Nunca Mais.

25. Igualdade perante a lei, acesso aos tribunais e garantia contra prisão arbitrária

1. Igualdade perante a lei

Artigo VII. Todos são iguais perante a lei e têm direito, sem qualquer distinção, a igual proteção da lei. Todos têm direito a igual proteção contra qualquer discriminação que viole a presente Declaração e contra qualquer incitamento a tal discriminação.

A igualdade de todos perante a lei significa: a recusa a qualquer espécie de privilégio, favorecendo, alguns e a absoluta inaceitação de qualquer tipo de discriminação, prejudicando outros.

Na prática, será impossível vigorar uma igualdade real perante a lei numa sociedade desigual economicamente e, mais ainda, numa sociedade na qual as desigualdades econômicas estabeleçam um abismo entre as classes sociais.

A igual proteção da lei decorre da igualdade perante a lei. Significa que a lei deve proteger a todos, sem distinção.

Para que todos sejam iguais perante a lei e para que a lei proteja a todos com igualdade será necessário que a própria lei deixe de consagrar privilégios e diferenças.

No decorrer da História, a lei não tem desempenhado esse papel de instrumento igualitário. Muito pelo contrário, é poderoso mecanismo de justificação ideológica das desigualdades.

A lei, porém, encerra contradições. Os desprovidos de direitos podem utilizar-se das contradições da lei para avançar na sua luta.

O artigo examinado diz ainda que todos têm direito a proteção contra as discriminações, uma vez que as discriminações violam a Declaração Universal dos Direitos Humanos.

Esse preceito é consequência da igualdade afirmada. A igualdade ficará no vazio de uma afirmação, se não existem meios eficazes que protejam as pessoas contra as inúmeras discriminações possíveis.

Finalmente, estabelece o artigo a proteção contra o incitamento às discriminações.

Esse incitamento às discriminações é, algumas vezes, aberto e claro. Outras vezes (com mais frequência) é um incitamento dissimulado.

2. Proteção judicial dos direitos

Artigo VIII. Todo homem tem direito a receber dos tribunais nacionais competentes remédio efetivo para os atos que violem os direitos fundamentais que lhe sejam reconhecidos pela constituição ou pela lei.

O artigo 8 estabelece o princípio da proteção judicial dos direitos. É um princípio lógico, um raciocínio dedutivo rigoroso. Duas premissas (*a* e *b*) conduzem necessariamente à conclusão (*c*):

a) a Constituição e a lei consagram direitos fundamentais em favor das pessoas;

b) esses direitos são, às vezes, desrespeitados;

c) para que esses direitos sejam reais, autênticos, será indispensável que a pessoa receba dos tribunais o remédio efetivo, sempre que aconteça uma violação de qualquer deles.

Assim, a justiça deve ser o último reduto garantidor dos direitos humanos, com a missão fundamental e irrevogável de proteger todo aquele que sofrer violência.

3. Garantia contra prisões arbitrárias

Artigo IX. *Ninguém será arbitrariamente preso, detido ou exilado.*

Não há uma redundância quando o artigo refere-se a prisão e detenção. A detenção, no caso, significa qualquer espécie de medida que impossibilite a liberdade de locomoção, mesmo que sem o nome de prisão. Quer a prisão, propriamente dita, quer a simples detenção, desde que sejam arbitrárias, isto é, sem amparo legal, são condenadas.

As leis devem colocar à disposição das pessoas instrumentos legais que sanem com rapidez a prisão ou detenção arbitrária. A Justiça deve estar organizada de maneira a pronunciar-se com absoluta presteza em face da alegação de uma prisão ou detenção arbitrária.

No artigo que estamos examinando, o advérbio (arbitrariamente) é colocado no início da frase. Mas, a meu ver, trata-se de um equívoco de redação. O artigo tem o seguinte sentido: a) ninguém será arbitrariamente preso ou detido; b) ninguém será exilado.

– 173 –

A prisão preventiva, admitida pela lei brasileira e de outros países, deve ter um caráter de absoluta excepcionalidade. O abuso das prisões preventivas que se observa com frequência no Brasil torna a prisão arbitrária e, por conseguinte, condenada pelo artigo 9 da Declaração Universal dos Direitos Humanos. Acresce, para aumentar a violência da conduta judicial aqui criticada, que as prisões preventivas, decretadas de maneira sistemática e sem maiores cuidados, atingem, principalmente, os pobres.

Trate-se de prisão preventiva, de prisão por sentença ou qualquer espécie de prisão, o encarceramento torna-se arbitrário, se não é proporcionada ao preso a oportunidade de trabalhar.

4. Direito a justa e pública audiência por tribunal independente e imparcial

Artigo X. *Todo homem tem direito, em plena igualdade, a uma justa e pública audiência por parte de um tribunal independente e imparcial, para decidir de seus direitos e deveres ou do fundamento de qualquer acusação criminal contra ele.*

O artigo estabelece que todo ser humano tem direito a um tribunal independente e imparcial:

a) para julgá-lo, no caso de existir uma acusação criminal contra ele;

b) para decidir sobre seus direitos e deveres.

O artigo diz que a audiência do tribunal deve ser justa e pública. E diz ainda que o serviço desse tribunal deve ser prestado em obediência ao princípio da igualdade entre as partes.

Assegura o artigo o direito a uma Justiça (com letra maiúscula) justa – o que seria um pleonasmo se não houvesse, como há, e tantas vezes, a justiça (com letra minúscula) injusta.

O artigo proíbe os odiosos julgamentos secretos, bem como os não menos odiosos tribunais de exceção. Tribunais de exceção são tribunais destinados a julgar determinados crimes, ou determinadas pessoas, contrariando o princípio da igualdade perante a lei. Caracterizam os regimes ditatoriais.

O artigo 10 não fala expressamente da rapidez do processo, mas essa rapidez é um direito das partes. Não pode ser justa uma Justiça lenta.

26. Presunção de inocência, vida privada e locomoção

1. Presunção da inocência até a prova da culpa

Artigo XI. 1. Todo homem acusado de um ato delituoso tem o direito de ser presumido inocente até que a sua culpabilidade tenha sido provada de acordo com a lei, em julgamento público no qual lhe tenham sido asseguradas todas as garantias necessárias à sua defesa.

2. Ninguém poderá ser culpado por qualquer ação ou omissão que, no momento, não constituíam delito perante o direito nacional ou internacional. Também não será imposta pena mais forte do que aquela que no momento da prática era aplicável ao ato delituoso.

A inocência é presumida, a culpa é que tem de ser provada.

Lamentavelmente, no Brasil, o artigo costuma ter uma aplicação discriminatória:

a) presume-se que sejam culpados os pobres, os negros, os migrantes, as pessoas de condição social humilde;

b) aplica-se a presunção de inocência em favor dos ricos, dos poderosos, dos bem situados socialmente.

A culpa deve ser provada de acordo com a lei, em julgamento público. A pessoa acusada de um crime tem sempre o direito de ter ampla defesa. Quanto mais grave o crime, mais necessária a defesa, como garantia de que se fará Justiça.

Ao defender um criminoso, mesmo no caso de um delito grave, o advogado não compactua com o crime. Presta, isso sim, um serviço à Justiça. Seria iniquidade extrema alguém ser condenado sem ter tido direito a ampla e completa defesa. O que o advogado não pode, de modo algum, é associar-se ao crime.

O parágrafo 2º assegura uma dupla garantia. Essa dupla garantia pode ser enunciada de outra forma: não há crime sem lei anterior que o defina, não há pena sem prévia cominação legal.

Justamente a presunção de inocência é que faz com que a "prisão preventiva", ou seja, a prisão de quem ainda não foi julgado, deva ser cercada de toda cautela.

Inicialmente, os juízes deverão ser avaros na decretação das prisões preventivas. As prisões preventivas, se decretadas, devem ser periodicamente revistas pelo magistrado. O acusado preso preventivamente deve ser alvo de consideração especial.

Nunca será admissível que estejam misturados presos em prisão preventiva e presos já julgados.

Em qualquer hipótese, o preso há de ser respeitado.

Sempre que possível, a prisão domiciliar deve ser preferida ao recolhimento carcerário.

2. Vida privada, família, lar e correspondência são indevassáveis

Artigo XII. Ninguém será sujeito a interferências na sua vida privada, na sua família, no seu lar ou na sua correspondência, nem a ataques à sua honra e reputação. Todo homem tem direito à proteção da lei contra tais interferências ou ataques.

O artigo 12 protege amplamente a privacidade de cada um. Defende a intimidade nas suas diversas dimensões. Proíbe interferências na vida privada, na família e no lar. Garante a inviolabilidade da correspondência. Veda ataques à honra e à reputação. Conclui afirmando que a lei dará proteção contra as interferências e ataques mencionados no artigo.

A vida privada é um reduto sagrado, espaço indispensável à preservação do equilíbrio emocional do ser humano. O próprio homem público, permanentemente julgado por seus atos, tem o direito à inviolabilidade de sua vida privada.

A correspondência é uma manifestação da individualidade. Por essa razão é também inviolável. A abertura de cartas particulares por agentes da autoridade é um abuso injustificável.

A meu ver, também o preso tem direito a que sua correspondência seja inviolável, mesmo o preso com sentença condenatória, pois a sentença condenatória não inclui este efeito restritivo no leque de suas implicações. Razões de suposta segurança não justificam que as cartas dirigidas aos presos ou endereçadas pelos presos a terceiros sejam devassadas ou mesmo proibidas. Será legítimo que a autoridade competente verifique o conteúdo do envelope para certificar-se de que dentro do mesmo existe somente a carta. A comunicação com familiares ou pessoas amigas contribuirá para que o preso resguarde sua integridade mental, de modo que a prisão não massacre sua substância humana.

Um dos aspectos mais tocantes na vida de Santa Teresinha do Menino Jesus foi o zelo que a santinha de Lisieux teve no sentido de alcançar a conversão de um presidiário. Se não escreveu cartas a ele (não sei se escreveu, não consegui encontrar fonte que pudesse citar), falou-lhe seguramente ao coração pelas antenas da fraternidade, pois essas antenas não conhecem limites ou obstáculos.

Artigo XIII. *1. Todo homem tem direito à liberdade de locomoção e residência dentro das fronteiras de cada Estado.*
2. Todo homem tem o direito de deixar qualquer país, inclusive o próprio, e a este regressar.

O artigo 13 é formado por dois parágrafos.
O parágrafo 1º determina que todo homem tenha, dentro das fronteiras de cada Estado:

a) liberdade de locomoção;
b) liberdade de residência.

A liberdade de locomoção é o direito de circular dentro das fronteiras nacionais, sem qualquer embaraço ou restrição.
A liberdade de residência é o direito de fixar livremente cada um o seu próprio domicílio, onde queira, dentro das fronteiras do país.
O parágrafo 2º do artigo 13 estabelece que todo homem tem o direito de deixar qualquer país, inclusive o seu, e tem também o direito de regressar ao país que um dia tenha deixado.
Enquanto o parágrafo 1º do artigo 13 consagra o direito de circulação e residência na esfera nacional, o parágrafo 2º defende a mobilidade das pessoas em nível mundial.
Quando uma onda de racismo e preconceito contra o estrangeiro (estrangeiro pobre, com mais exatidão) varre os países do Primeiro Mundo, este artigo assume uma extraordinária atualidade e vitalidade.

27. Asilo, nacionalidade, casamento e família

1. O direito de asilo

Artigo XIV. 1. Todo homem, vítima de perseguição, tem o direito de procurar e de gozar asilo em outros países.

2. Este direito não pode ser invocado em caso de perseguição legitimamente motivada por crimes de direito comum ou por atos contrários aos objetivos e princípios das Nações Unidas.

Esse artigo proclama o direito de asilo. Tal direito protege todo aquele que é vítima de perseguição em seu país e que busca por esse motivo um chão que o acolha.

O direito de asilo:

a) cria uma prerrogativa para o indivíduo, perante o Estado em que busca asilar-se;

b) gera um dever para o Estado que é procurado como refúgio.

Nenhum Estado civilizado pode negar asilo quando requerido com base em razões procedentes. E a própria fundamentação é relativa. Num Estado que caia num regime ditatorial é fundado que peça asilo todo aquele que, em princípio, possa ser vítima de perseguição.

– 181 –

Quando o Estado que se vê diante de um pedido de asilo pede prova da perseguição, ele pode em muitos casos estar pedindo o cadáver do perseguido.

O artigo refere-se a dois casos que excluem o direito de asilo:

1. perseguição legitimamente motivada por crimes de direito comum;
2. atos contrários aos objetivos e princípios das Nações Unidas.

Não elide o direito de asilo:

– a alegação falsa ou simulada de crime comum ou ato contrário aos princípios das Nações Unidas;

– a alegação de crime comum, ou ato contrário aos objetivos das Nações Unidas, quando o Estado que persegue não oferece qualquer garantia de julgamento justo e público do acusado.

Nas duas situações referidas pelo artigo é indispensável que a perseguição seja legitimamente motivada para impossibilitar o asilo. Assim é que, mesmo no caso de atos contrários aos objetivos e princípios das Nações Unidas, só a perseguição legítima obstaculiza o direito de asilo.

2. O direito à nacionalidade

Artigo XV*. 1. Todo homem tem direito a uma nacionalidade. 2. Ninguém será arbitrariamente privado de sua nacionalidade, nem do direito de mudar de nacionalidade.*

O artigo 15 consagra três direitos correlatos:

a) o direito que toda pessoa tem a uma nacionalidade;

b) o direito de não ser privado arbitrariamente de sua nacionalidade;

c) o direito de mudar de nacionalidade.

Toda pessoa humana tem necessidade de uma referência nacional. Não ter nacionalidade é ser apátrida, situação que violenta profundamente os direitos da pessoa humana. Justamente porque a nacionalidade é um direito essencial, ninguém pode ser arbitrariamente privado da nacionalidade que tem. Finalmente, o artigo estabelece o direito de mudar de nacionalidade, segundo razões de conveniência pessoal.

3. O direito ao casamento e a proteção da família pela sociedade e pelo Estado. Família, depositária da vida, tem significado existencial que suplanta a definição jurídica

Artigo XVI. 1. Homens e mulheres de maior idade, sem qualquer restrição de raça, nacionalidade ou religião, têm o direito de contrair matrimônio e fundar uma família. Gozam de direitos iguais em relação ao casamento, sua duração e sua dissolução.

2. O casamento não será válido senão com o livre e pleno consentimento dos nubentes.

3. A família é o núcleo natural e fundamental da sociedade e tem direito à proteção da sociedade e do Estado.

O artigo 16 trata do casamento e da família. Este artigo é subdividido em três parágrafos:

– o parágrafo 1º trata do direito ao casamento e à fundação da família e da igualdade de direitos de homens e mulheres;

– o parágrafo 2º estabelece o princípio do livre consentimento como inerente ao casamento;

– o parágrafo 3º define a família como núcleo natural e

fundamental da sociedade, acrescentando que ela tem direito à proteção da sociedade e do Estado.

A família é depositária da vida, e não só da vida biológica, mas da vida espiritual, afetiva. Situa-se num plano existencial que suplanta definições limitadas, moralistas e preconceituosas.

Parece que a família tem uma missão que se estende por vários planos:

a) aquele que se relaciona com as próprias pessoas que se casam. A família deve contribuir para proporcionar felicidade e realização humana. Se a família só tivesse sentido como geradora de vida, que dizer dos casais que não têm filhos?

b) aquele que se corporifica na geração e educação dos filhos, numa atmosfera de segurança e amor;

c) aquele que se realiza quando se gera na alma, através do filho adotivo;

d) aquele que se concretiza na ampliação da família, não apenas pelas adoções, já referidas, como pelo acolhimento de pais, avós, agregados.

A família não é somente nem principalmente uma instituição jurídica. Daí merecer todo respeito a família que se forma sem casamento legal. Também é família, sagrada, respeitável, a da mãe solteira e do filho ou filhos que advenham em tal situação. E mesmo a união homossexual, em clima de amor e respeito, tem a meu ver direito de proteção, em nome do mais relevante princípio ético-jurídico: a dignidade da pessoa humana.

Não cabem nesta matéria julgamentos dogmáticos. Não me arrisco a atirar a primeira pedra. O amor tudo santifica e enobrece, como está escrito na célebre epístola de Paulo.

28. Propriedade como direito de todos, liberdade de pensamento, consciência, religião, opinião e expressão

1. Propriedade como direito de todos

Artigo XVII. 1. Todo homem tem direito à propriedade, só ou em sociedade com outros.
2. Ninguém será arbitrariamente privado de sua propriedade.

Deve ser observado, na redação do parágrafo 1º, o uso da expressão "todo homem". Não se diz que uma parte dos homens tem direito de propriedade. Não se diz que têm direito de propriedade os homens que já são proprietários. Diz-se que *todo homem tem direito à propriedade*, ou seja, consagra-se o direito à propriedade como um direito universal.

Infringe os direitos humanos qualquer país onde a propriedade esteja concentrada nas mãos de poucos e a grande maioria não tenha propriedade alguma.

Afirma ainda o parágrafo 1º que todo homem tem direito à propriedade só ou em sociedade com outros.

O individualismo alimenta o sonho da propriedade particular e exclusiva. A sociedade de consumo, da qual vive o capitalismo, apresenta, com todo o seu poder de sedução, o mito da felicidade medida pelo número de coisas que alguém possui sozinho.

O solidarismo encoraja as experiências de partilha dos bens possuídos em comum.

A Declaração Universal dos Direitos Humanos deixa a questão em aberto: protege, quer a propriedade individual, quer a propriedade solidária.

O parágrafo 2º afirma que ninguém será arbitrariamente privado de sua propriedade.

Num país onde milhares de lavradores sem terra buscam um pedaço de chão e seu clamor não é ouvido, nesse país, esses trabalhadores sem terra estão sendo arbitrariamente privados do direito de propriedade.

Num país onde trabalhadores urbanos não têm uma habitação para descansar depois de um dia de labor, nesse país os trabalhadores urbanos estão sendo arbitrariamente privados do direito de propriedade.

Num país onde crianças perambulam pelas ruas e dormem, à noite, debaixo de uma ponte ou debaixo de um viaduto, porque não têm casa, nesse país essas crianças estão sendo arbitrariamente privadas do direito de propriedade.

2. Liberdade de pensamento, consciência e religião

Artigo XVIII. Todo homem tem direito à liberdade de pensamento, consciência e religião; este direito inclui a liberdade de mudar de religião ou crença e a liberdade de manifestar essa religião ou crença pelo ensino, pela prática, pelo culto e pela observância, isolada ou coletivamente, em público ou em particular.

O artigo 18 da Declaração dos Direitos Humanos consagra uma tríplice liberdade: de pensamento, consciência e religião. As três liberdades integram-se e completam-se. Têm um núcleo comum.

O pensamento não pode ser policiado, a consciência não pode ser policiada, o sentimento religioso não pode ser policiado.

O que se preserva, no fundo, é a liberdade de convicções, fundamento da tríplice liberdade assegurada pelo artigo.

O artigo pormenoriza a liberdade religiosa para dizer que ela compreende:

– a liberdade de mudar de religião ou de crença;
– a liberdade de manifestar a religião ou a crença, seja pelo ensino e pela prática, seja pelo culto ou observância.

Ainda quis ser mais explícito o artigo: a prática ou culto merecerá a garantia do respeito, tanto se realize em particular ou isoladamente, quanto se realize em público e coletivamente.

Deve ser notado que a liberdade religiosa assegurada é ampla:

– protege os cultos minoritários, os cultos que não têm a preferência da elite dominante, enfim, toda espécie de culto, sem exceção;
– protege o ensino e a propaganda religiosa;
– protege todas as expressões e consequências das opções religiosas, inclusive uma consequência muito séria – quando a fé leva a questionar as estruturas políticas, sociais e econômicas de uma determinada sociedade.

As restrições admitidas à liberdade religiosa são aquelas que decorrem do respeito às outras pessoas.

– 187 –

3. Liberdade de opinião e expressão

Artigo XIX. *Todo homem tem direito à liberdade de opinião e expressão; esse direito inclui a liberdade de, sem interferência, ter opiniões e de procurar, receber e transmitir informações e ideias por quaisquer meios e independentemente de fronteiras.*

O artigo 19 abriga amplamente a liberdade de opinião e expressão.

Essa ampla liberdade explicita-se sob variados aspectos:

– a liberdade de ter opiniões, sem interferências;

– a liberdade de procurar e receber informações e ideias, por quaisquer meios;

– a liberdade de transmitir informações e ideias, pelos meios desejados;

– a liberdade de exercer esses direitos, independentemente de fronteiras nacionais.

Para assegurar a liberdade de opinião e a liberdade de expressão do pensamento é necessário garantir a circulação de ideias. Não se pode tolerar que a opinião pública seja manipulada pela televisão, por exemplo. A televisão deve ser democratizada, com controle social sobre ela, como previsto pela Constituição brasileira de 1988. Também a educação pública, gratuita e de boa qualidade, tem direta ligação com este artigo. Um povo educado sabe defender-se das tentativas que se façam para amordaçar sua consciência.

Que grande lição nos deu o pensador francês Voltaire:

"Não concordo com uma só palavra do que dizeis, mas defenderei até a morte vosso direito de dizê-lo".

29. Liberdade de reunião e associação, participação no governo, acesso ao serviço público e direito à seguridade social

1. Liberdade de reunião e associação

***Artigo XX*.** *1. Todo homem tem direito à liberdade de reunião e associação pacíficas.*
2. Ninguém é obrigado a fazer parte de uma associação.

O artigo 20 é subdividido em dois parágrafos.

O parágrafo 1º estatui a liberdade de reunião e de associação pacíficas.

O segundo diz que ninguém pode ser obrigado a fazer parte de uma associação.

Na complexa sociedade contemporânea, a liberdade de reunião e de associação constitui condição essencial para a subsistência da democracia.

Como é possível, no mundo moderno, lutar por direitos, protestar contra a injustiça, buscar avanços sociais, a não ser pela união, pelo mutirão?

– 189 –

Esforços que se somam, mãos que se juntam, consciências que buscam sintonia em torno da causa comum – é assim que o povo caminha e tem possibilidade de fazer a História.

2. Direito de participação no governo, diretamente ou por meio de representantes. Direito de acesso ao serviço público

Artigo XXI. 1. Todo homem tem direito de tomar parte no governo de seu país diretamente ou por intermédio de representantes livremente escolhidos.

2. Todo homem tem igual direito de acesso ao serviço público do seu país.

3. A vontade do povo será a base da autoridade do governo; esta vontade será expressa em eleições periódicas e legítimas, por sufrágio universal, por voto secreto ou processo equivalente que assegure a liberdade de voto.

O artigo 21 ressalva um elenco de condições fundamentais à prevalência do princípio democrático:

a) todo homem tem o direito de tomar parte no governo de seu país;

b) essa participação pode ser direta ou pode ser exercida por meio de representantes livremente escolhidos;

c) todo homem tem igual direito de acesso ao serviço público do seu país;

d) a autoridade do governo terá por base a vontade do povo;

e) a vontade do povo será expressa em eleições periódicas e legítimas;

f) será adotado o sufrágio universal;

g) será adotado o voto secreto ou processo equivalente que assegure a liberdade do voto.

O artigo 21 usa a expressão ampla "todo homem", o que por si só não pode excluir ninguém.

Assim, parece-nos abusivo que, mesmo ao preso, sejam subtraídos os direitos políticos.

Por duas vezes, bati às portas do Tribunal Regional Eleitoral do Espírito Santo, em nome da Pastoral Carcerária, pleiteando o "direito de voto" para os presos. Uma vez antes da Constituição de 1988, com base simplesmente na Declaração Universal dos Direitos Humanos. Outra vez, após a promulgação da Constituição. Infelizmente, nem antes nem depois a Justiça acudiu meu apelo.

Lutar pela dignidade do preso não é desconhecer a tragédia das vítimas e de suas famílias. Estas merecem a mais irrestrita solidariedade. Entretanto, o preso não pode sair da prisão embrutecido, pior do que quando entrou.

3. Direito à seguridade social

Art. XXII. Toda pessoa, como membro da sociedade, tem direito à seguridade social, destinada a promover a satisfação dos direitos econômicos, sociais e culturais indispensáveis à sua dignidade e ao livre desenvolvimento de sua personalidade, graças ao esforço nacional e à cooperação internacional, tendo em conta a organização e os recursos de cada país.

O artigo 22 da Declaração Universal dos Direitos Humanos estabelece princípios de grande relevância:

a) toda pessoa tem direito à seguridade (ou segurança) social;

b) o que legitima esse direito de cada pessoa é o fato da condição de membro da sociedade;

c) a seguridade social (ou segurança social) é destinada a promover a satisfação dos direitos econômicos, sociais e culturais;

d) esses direitos econômicos, sociais e culturais são definidos como indispensáveis à dignidade humana e ao desenvolvimento da personalidade de toda pessoa;

e) cada Estado deve prover esses direitos, de acordo com sua organização e nos limites de seus recursos;

f) a cooperação internacional é devida para que se assegurem a todas as pessoas os direitos proclamados no artigo.

Esse artigo consagra a solidariedade social como elo que deve fundamentar as relações humanas. Protege as pessoas contra uma organização socioeconômica que se baseasse no egoísmo e no individualismo. Destaca de tal forma a importância da seguridade social que responsabiliza todos os povos no dever de torná-la efetiva por meio da cooperação internacional.

Leitura complementar

A CONQUISTA COLETIVA DOS DIREITOS

Os direitos serão conquistados por meio da luta individual e da luta coletiva.

Há situações concretas nas quais o cidadão tem de travar uma luta individual para conquistar seus direitos. Esta luta solitária, que o cotidiano da vida às vezes exige, é sempre dura e difícil.

A luta individual é mais penosa, mais longa, com possibilidade menor de êxito. Mas, se uma situação concreta reclama a luta individual, não devemos recuar diante dos obstáculos.

Podemos renunciar a um direito por generosidade, jamais por comodismo ou apatia. Dou o exemplo: posso rasgar um documento de crédito, de que sou titular, se o devedor encontra-se numa situação aflitiva, porque o homem não pode ser lobo de outro homem. Neste ponto discordo de Rudolf von Ihering, que, na sua obra clássica *A luta pelo Direito*, não admite a renúncia a direitos.[55]

Sempre que for possível, o ideal é recorrer à luta coletiva.

Imaginem uma situação na qual várias pessoas têm um mesmo interesse a defender perante a Justiça. Ora, será muito mais prático que se juntem para uma ação em comum do que cada um lutar separadamente.

Pela Constituição de 1988, os sindicatos, as entidades de classe, as associações, os partidos políticos podem ingressar coletivamente em juízo em favor de centenas ou milhares de pessoas.

---

[55] IHERING, Rudolf von. *A Luta pelo Direito*. Rio de Janeiro: Editora Rio, 1978.

Para a luta coletiva, em seus diversos níveis, a sociedade tem de aprender a organizar-se. Os pleitos que se formulam de maneira atabalhoada não são vitoriosos. O planejamento, a discussão, a partilha dos problemas, a montagem de uma estratégia de luta parecem-me a via para o bom encaminhamento das causas que envolvem muitos.

Se a organização autônoma da sociedade é indispensável aos avanços sociais e às pugnas em prol da cidadania e dos direitos humanos, nem por isso o poder público está dispensado de fazer sua parte.

Numa sociedade democrática, os poderes públicos estimulam, encorajam e apoiam todo o esforço que se desenvolva no sentido da consolidação da cidadania. Daí a importância da criação de conselhos de cidadania e de direitos humanos, por iniciativa governamental, no âmbito federal, estadual ou municipal.

Também quando se trata de uma luta extrajudicial (isto é, uma luta fora da Justiça), será sempre mais eficaz a luta coletiva.

Um provérbio popular resume tudo isso que estamos dizendo: "Uma andorinha só não faz verão".

As classes dominantes desencorajam as lutas coletivas. Com frequência, os líderes dessas lutas são perseguidos, presos e até mesmo assassinados.

O povo tem de aprender a vencer seus desafios, com suas próprias forças. Mesmo que o ambiente seja adverso, mesmo que a luta coletiva não seja valorizada e enaltecida, é a união que faz a força.

30. Direitos do trabalhador: escolha do emprego, condições justas de trabalho, igual remuneração por trabalho igual, repouso, lazer, saúde e bem-estar. Proteção contra o desemprego. Direitos sindicais.

1. Direito à escolha do emprego, a condições justas de trabalho e a remuneração satisfatória pelo trabalho prestado, garantia de igual remuneração por trabalho igual. Direito à proteção contra o desemprego. Liberdade sindical

Artigo XXIII. 1. Todo homem tem direito ao trabalho, à livre escolha de emprego, a condições justas e favoráveis de trabalho e à proteção contra o desemprego.

2. Todo homem, sem qualquer distinção, tem direito a igual remuneração por igual trabalho.

3. Todo homem que trabalha tem direito a uma remuneração justa e satisfatória, que lhe assegure, assim como à sua família, uma existência compatível com a dignidade humana, e a que se acrescentarão, se necessário, outros meios de proteção social.

4. Todo homem tem direito a organizar sindicatos e a neles ingressar para proteção de seus interesses.

O artigo 23 é integrado por quatro parágrafos.
No parágrafo 1º, estabelece-se que:

a) toda pessoa tem direito ao trabalho;
b) toda pessoa tem direito à livre escolha do trabalho;
c) toda pessoa tem direito a condições justas e favoráveis de trabalho;
d) toda pessoa tem direito à proteção contra o desemprego.

O parágrafo 2º assegura a toda pessoa, sem qualquer distinção, o direito a igual remuneração por trabalho igual.
No parágrafo 3º, declara-se que:

a) toda pessoa que trabalha tem direito a uma remuneração justa e satisfatória;
b) essa remuneração deve assegurar ao trabalhador e à sua família uma existência compatível com a dignidade humana;
d) a essa remuneração devem ser acrescidos, se necessário, outros meios de proteção social.

O quarto e último parágrafo do artigo 23 diz que:

a) toda pessoa tem o direito de organizar sindicatos;
b) toda pessoa tem o direito de ingressar em sindicatos para a proteção de seus interesses.

2. Direito a repouso e lazer, limitação das horas de trabalho e férias

Artigo XXIV. Toda pessoa tem direito a repouso e lazer, inclusive a limitação razoável das horas de trabalho e a férias periódicas remuneradas.

O artigo 24 da Declaração Universal dos Direitos Humanos assegura o direito ao repouso e ao lazer.

Especificando a extensão desse direito, a Declaração consagra, expressamente, em favor de toda pessoa:

a) o direito ao descanso;

b) o direito ao lazer;

c) o direito à limitação razoável da duração da jornada de trabalho;

d) o direito a férias remuneradas periódicas.

Todos esses princípios visam a restaurar as energias do trabalhador. O trabalho, mesmo quando realizado em condições dignas para o ser humano, causa desgaste físico e mental. O descanso e o lazer são indispensáveis para que o trabalho possa ser fonte de alegria e de vida.

Também a limitação da jornada de trabalho é indispensável, pois o ser humano não é máquina que possa trabalhar sem quartel, isto é, sem pouso, sem parada.

A limitação da jornada de trabalho foi resultado de uma longa e dura luta do movimento operário.

3. Direito a um padrão de vida que assegure saúde e bem-estar para o trabalhador e sua família

Artigo XXV. 1. Toda pessoa tem direito a um padrão de vida capaz de assegurar a si e à sua família saúde e bem-estar, inclusive alimentação, vestuário, habitação, cuidados médicos e os serviços sociais indispensáveis, e direito à segurança em caso de desemprego, doença, invalidez, velhice ou outros casos de perda dos meios de subsistência em circunstâncias fora de seu controle.

2. A maternidade e a infância têm direito a cuidados e assistência especiais. Todas as crianças, nascidas dentro ou fora do matrimônio, gozarão da mesma proteção social.

O artigo 25 é formado de dois parágrafos.

No parágrafo 1º, são previstas três ordens de garantias em favor da pessoa humana:

a) direito a um padrão de vida que assegure, a si e a sua família, saúde e bem-estar, inclusive alimentação, vestuário, habitação, cuidados médicos e os serviços sociais indispensáveis;

b) direito a segurança nas hipóteses de desemprego, doença, invalidez, viuvez, velhice e outros casos de perda dos meios de subsistência em circunstâncias fora de controle.

No parágrafo 2º, há princípios complementares e fundamentais:

a) a maternidade e a infância têm direito a assistência e cuidados especiais;

b) as crianças nascidas dentro ou fora do matrimônio gozarão da mesma proteção legal.

Em minha vida de Juiz, tentei cultuar a maternidade. Uma decisão que proferi, libertando uma grávida que estava presa, dá a medida do devotamento que sempre procurei ter à condição materna. Não citei um só artigo de lei. O fundamento da decisão foi mais que jurídico, foi ético e humano – a sacralidade da grávida –, motivo pelo qual me senti desobrigado de arrolar textos legais explícitos. Registre-se que Edna, a personagem deste caso judicial, deixou a prostituição e visitou o magistrado prolator da decisão liberatória muitos anos depois. Queria me apresentar Elke, já então uma mocinha, a criança que estava no seu ventre no dia em que foi libertada.

Transcrevo a decisão:

A acusada é multiplicadamente marginalizada: por ser mulher, numa sociedade machista; por ser pobre, cujo latifúndio são os sete palmos de terra dos versos imortais do poeta; por ser prostituta, desconsiderada pelos homens, mas amada por um Nazareno que certa vez passou por este mundo. Por não ter saúde; por estar grávida, santificada pelo feto que tem dentro de si, mulher diante da qual este Juiz deveria se ajoelhar, numa homenagem à maternidade, porém que, na nossa estrutura social, em vez de estar recebendo cuidados pré-natais, espera pelo filho na cadeia.

É uma dupla liberdade a que concedo nesta decisão: liberdade para Edna e liberdade para o filho de Edna, que, se do ventre da mãe puder ouvir o som da palavra humana, sinta o calor e o amor da palavra que lhe dirijo, para que venha a este mundo tão injusto com forças para lutar, sofrer e sobreviver.

Quando tanta gente foge da maternidade; quando milhares de brasileiras, mesmo jovens e sem discernimento, são esterilizadas; quando se deve afirmar ao Mundo que os seres têm direito à vida, que é preciso distribuir melhor os bens da Terra e não reduzir os comensais; quando, por motivo de conforto ou até mesmo por motivos fúteis, mulheres se privam de gerar, Edna engrandece hoje este Fórum, com o feto que traz dentro de si.

Este juiz renegaria todo o seu credo, rasgaria todos os seus princípios, trairia a memória de sua mãe, se permitisse sair Edna deste Fórum sob prisão.

Saia livre, saia abençoada por Deus, saia com seu filho, traga seu filho à luz, que cada choro de uma criança que nasce é a esperança de um mundo novo, mais fraterno, mais puro, algum dia cristão.

Expeça-se incontinenti *o alvará de soltura.*

31. Direitos educacionais de toda pessoa, prioridades dos pais na educação dos filhos, participação na vida cultural, nas artes e no progresso científico

1. Direito à educação e à cultura, gratuidade do ensino fundamental, acesso universal à instrução técnico-profissional. Prioridade dos pais na escolha do gênero de educação dos filhos

Artigo XXVI. 1. Todo homem tem direito à instrução. A instrução será gratuita, pelo menos nos graus elementares e fundamentais. A instrução elementar será obrigatória. A instrução técnico-profissional será acessível a todos, bem como a instrução superior, esta baseada no mérito.

2. A instrução será orientada no sentido do pleno desenvolvimento da personalidade humana e do fortalecimento do respeito pelos direitos do homem e pelas liberdades fundamentais. A instrução promoverá a compreensão, a tolerância e a amizade entre todas as nações e grupos raciais ou religioso, e coadjuvará as atividades das Nações Unidas em prol da manutenção da paz.

3. Os pais têm prioridade de direito na escolha do gênero de instrução que será ministrada a seus filhos.

O artigo 26 começa com um enunciado geral e abrangente, estabelendo o direito à instrução (ou educação) como um direito universal.

Depois o artigo estatui que a educação seja gratuita, pelo menos nos graus elementares e fundamentais. Determina, em seguida, que a educação elementar seja obrigatória. Fechando o inciso I do artigo, proclama-se que todos devem ter direito à educação técnico-profissional. Quanto à educação superior, seja o acesso subordinado ao mérito.

O inciso II do artigo 26 fixa as diretrizes filosóficas da educação:

a) que seja orientada no sentido do pleno desenvolvimento da personalidade humana;

b) que fortaleça o respeito aos direitos humanos e às liberdades fundamentais;

c) que promova a compreensão, a tolerância e a amizade entre todas as nações, grupos raciais ou religiosos;

d) que seja coadjuvante das atividades das Nações Unidas em prol da manutenção da paz.

O inciso III arremata o artigo 26 determinando que os pais tenham prioridade na escolha do gênero de educação a ser ministrada aos filhos.

Quando exerci a função de Juiz de Direito, na comarca de São José do Calçado (ES), baixei portaria (1966) obrigando os pais a matricularem seus filhos na escola, sob pena de instauração de processo contra os desobedientes. A pressão que pretendi exercer não era tanto sobre os pais, mas sobre o poder público. Pressionados pela Justiça, os pais pressionariam os órgãos do estado. Deu certo. A portaria produziu um crescimento substancial de matrículas escolares. Aproximadamente 30%, segundo dados da época, noticiados pela imprensa local.

2. Direito de participação na vida cultural, de fruição das artes e de uso e gozo do progresso científico

Artigo XXVII. 1. Todo homem tem o direito de participar livremente da vida cultural da comunidade, de fruir as artes e de participar do progresso científico e de seus benefícios.

2. Todo homem tem direito à proteção dos interesses morais e materiais decorrentes de qualquer produção científica, literária ou artística da qual seja autor.

No inciso I, o artigo 27 afirma que todo ser humano tem o direito de participar da vida cultural da comunidade, de usufruir o benefício e o prazer das artes e de gozar das vantagens que advêm do progresso científico.

De pouco vale para o gênero humano a produção da cultura, a construção das artes e a edificação dos avanços científicos, se todas as benesses decorrentes forem privilégio de uma pequena fração da sociedade.

Assusta-nos sobretudo pensar que o progresso científico capaz de curar doenças, prolongar a vida, poupar sofrimentos também depende de atos de comércio, tanto no plano nacional como no plano internacional.

Quando o artigo fala em participação na vida cultural e nas artes deve ser entendido que não se trata de uma participação passiva, uma "relação de consumo". Participar da cultura e da arte não é apenas participar do usufruto da cultura e da arte. É também participar como agente criador da cultura e da arte.

O inciso II do artigo 27 cuida da proteção dos interesses morais e materiais decorrentes de qualquer produção ou criação, no campo da ciência, da literatura e das artes em geral. Trata-se da salvaguarda do chamado "direito do autor".

O trabalho humano é sempre sagrado. Essa sacralidade alcança também o trabalho intelectual, as criações do espírito.

O autor nunca pode ser prejudicado nos direitos que advêm do seu trabalho. Mas quando o trabalho interessa ao conjunto das coletividades nacionais ou da coletividade humana, o poder público deve interferir (ou os organismos de cooperação e solidariedade internacional, conforme o caso) para que, sem prejuízo do autor, respeitados os seus direitos, seja o fruto de suas mãos e de sua inteligência repartido e partilhado em benefício da sociedade.

32. Ordem social que garanta os direitos proclamados. As pessoas têm deveres para com a comunidade. Não se tolera o desvio de uso da Declaração dos Direitos Humanos

1. Ordem social e internacional que garanta a fruição dos direitos proclamados

Artigo XXVIII. *Todo homem tem direito a uma ordem social e internacional em que os direitos e liberdades estabelecidos na presente Declaração possam ser plenamente realizados.*

Este artigo deixa bem claro que os direitos e liberdades proclamados pela Declaração Universal não se realizam dentro apenas dos limites geográficos de cada país.

Somente uma ordem internacional socialmente justa pode permitir a vigência universal dos direitos humanos.

Relações de dependência política, de submissão geográfica regional, de exploração internacional tornam impossível o acolhimento pleno dos direitos humanos nos países vitimados por essas relações de injustiça.

A ordem social, para não ser desordem social, deve colimar a civilização. A civilização, no ensino de Aristóteles, é destinada a elevar a vida à perfeição da vida ou o viver ao bem viver.

A cláusula do artigo 28 é absolutamente generalizadora: "todo homem tem direito..."

Em outras palavras: todo ser humano é titular do legítimo direito a uma ordem social e internacional que faça valer e vigorar a pauta dos direitos humanos.

2. Deveres de todos para com a comunidade. Limitações no exercício de direitos para assegurar o direito alheio

Artigo XXIX. 1. Todo homem tem deveres para com a comunidade, na qual o livre e pleno desenvolvimento de sua personalidade é possível.

2. No exercício de seus direitos e liberdades, todo homem estará sujeito apenas às limitações determinadas pela lei, exclusivamente com o fim de assegurar o devido reconhecimento e respeito dos direitos e liberdades de outrem e de satisfazer as justas exigências da moral, da ordem pública e do bem-estar de uma sociedade democrática.

3. Esses direitos e liberdades não podem, em hipótese alguma, ser exercidos contrariamente aos objetivos e princípios das Nações Unidas.

O artigo 29, no seu parágrafo introdutório, coloca a reciprocidade entre direitos e deveres. As pessoas devem usufruir dos direitos consagrados pela Declaração Universal e de outros direitos que decorrem de uma ordem democrática. Mas o gozo desses direitos impõe às pessoas também o cumprimento de deveres para com a comunidade. A Declaração rechaça, dessa forma, o individualismo, o egoísmo, a alienação, o hedonismo, a irresponsabilidade social.

No parágrafo 2º do artigo fica declarado que, no exercício dos direitos e das liberdades, o ser humano só estará sujeito às limitações da lei, ou seja, àquelas limitações que vigoram dentro do chamado "Estado de Direito". No Estado de Direito, direitos e deveres são claramente estabelecidos, não deixando lugar para o arbítrio, o autoritarismo, a prepotência. Essas limitações da lei – acrescenta o parágrafo – têm por finalidade assegurar o respeito aos direitos alheios, bem como satisfazer as justas exigências da moral, da ordem pública e do bem-estar de uma sociedade democrática.

Finalmente, o último parágrafo do artigo declara que direitos e liberdades não podem, em hipótese alguma, ser exercidos em desacordo com os objetivos e princípios das Nações Unidas.

Esses objetivos e princípios das Nações Unidas são aqueles explicitados no preâmbulo e completados na enunciação dos artigos da Declaração Universal dos Direitos Humanos. São também aqueles previstos na Carta das Nações Unidas.

Não são objetivos das Nações Unidas aqueles que, em determinado momento histórico, possam ser fixados pelos órgãos das Nações Unidas contra os objetivos e princípios que justificaram a própria criação da ONU. Assim, não são objetivos das Nações Unidas os objetivos militares que o Conselho de Segurança imponha para fazer prevalecer uma determinada política do poder.

3. Direitos e liberdades não podem ser exercidos para fraudar objetivos e princípios da própria Declaração

Artigo XXX. Nenhuma disposição da presente Declaração pode ser interpretada como o reconhecimento a qualquer Estado, grupo ou pessoa do direito de exercer qualquer atividade ou praticar qualquer ato destinado à destruição de quaisquer dos direitos e liberdades aqui estabelecidos.

O artigo 30 contém uma disposição que visa a evitar fraude. Seria chocante que qualquer pessoa, grupo ou Estado viesse a invocar princípios contidos no texto da Declaração Universal dos Direitos Humanos para negar o sentido e a finalidade da própria Declaração.

O artigo 30 contém uma salvaguarda geral contra qualquer desvio de interpretação que ponha em cheque todo o avanço da Humanidade para chegar ao texto da Declaração Universal dos Direitos Humanos.

Este texto é um esforço de boa vontade de pessoas, grupos, povos, pessoas portadoras de concepções filosóficas e religiosas diferentes para alcançar um "mínimo consensual". Esse "mínimo" representa uma carta de referência do que deva ser entendido por direitos humanos.

Não se pode tolerar que eventuais desvios de interpretação destruam toda a obra civilizatória representada pela aprovação, assinatura e proclamação da Declaração Universal dos Direitos Humanos, bem como pela subsequente adesão implícita dada ao documento por todos os Estados que vieram a integrar a ONU.

Leitura complementar

OUTRAS CARTAS DE DIREITOS HUMANOS

Diversas Cartas de Direitos surgiram depois da Declaração Universal dos Direitos Humanos. As mais importantes Cartas de Direitos, posteriores à Declaração Universal, são as seguintes:

a) a Declaração Americana dos Direitos e Deveres do Homem;
b) a Carta Africana dos Direitos Humanos e dos Povos;
c) a Declaração Islâmica Universal dos Direitos do Homem;
d) a Declaração Universal dos Direitos dos Povos;
e) a Declaração Solene dos Povos Indígenas do Mundo;
f) a Carta Asiática de Direitos Humanos do Povo.

É importante mencionar as outras cartas de direitos a fim de reforçar a tese defendida neste livro: o grito humano por liberdade e justiça é universal.

A Declaração Americana dos Direitos e Deveres do Homem tem um aspecto que a caracteriza de maneira altamente positiva. Os direitos do homem não lhe são reconhecidos pelo fato de ser nacional deste ou daquele Estado, mas pelo fato de ser pessoa humana, titular desse atributo.

A ideologia dos direitos humanos encontra pleno acolhimento na Declaração de Direitos do Continente Americano.

O princípio de que todo homem nasce livre e igual em dignidade e direitos, sendo dotado de razão e consciência, está consagrado na Declaração de Direitos das Américas. Da mesma forma está a determinação de que todos ajam, uns em relação com os outros, com espírito de fraternidade.

As disposições da Carta Universal são ampliadas quando muito acertadamente a Declaração das Américas afirma que a proteção dos direitos essenciais supõe a criação de circunstâncias que permitam o progresso espiritual e material das pessoas, a fim de que possam alcançar a felicidade.

A Carta Africana dos Direitos do Homem e dos Povos declara que todo indivíduo tem direito ao respeito da dignidade inerente à pessoa humana e ao reconhecimento de sua personalidade jurídica. Todas as formas de exploração e degradação do homem são proibidas. O espírito de fraternidade é referido como valor que deve reger as relações entre os homens. Toda pessoa tem o dever de preservar e fortalecer os valores culturais positivos africanos em suas relações com outros membros da sociedade, num espírito de tolerância, diálogo e comunhão.

A tônica da Declaração Universal é predominantemente individualista. O individualismo é temperado, de maneira indireta, por artigos nos quais há um teor coletivo e pelos artigos que se referem a direitos econômicos, sociais, culturais e políticos.

Entretanto, mesmo quando se refere a direitos dos quais se inferem consequências coletivas, o tratamento teórico parte de uma visão filosófica individualista.

Contrastando com essa visão filosófica individualista, a Carta Africana dos Direitos do Homem e dos Povos é marcada por uma constante valorização do coletivo, do comunitário, do social.

A Declaração Islâmica diz que todo homem nasce livre. Nenhuma restrição deve ser oposta a seu direito à liberdade, salvo sob a autoridade da lei e por meio de sua aplicação normal. A carta muçulmana acrescenta que todo indivíduo e todo povo têm direito inalienável à liberdade sob todas as formas. Deve estar habilitado a lutar por todos os meios disponíveis contra toda violação desse direito. Todo indivíduo ou povo oprimido tem direito ao apoio legítimo de outros indivíduos ou povos nesta luta. Toda pessoa tem o direito e o dever de defender os direitos do próximo e os direitos da comunidade em geral.

A Declaração Islâmica coloca, lado a lado, num mesmo patamar, o direito inalienável de todo indivíduo e de todo povo à liberdade. Na concepção islâmica, a liberdade do indivíduo e a liberdade do povo de que ele faz parte são duas faces de uma só moeda.

Sobrepondo-se à Declaração Universal, a Declaração Islâmica e a Declaração Africana reportam-se aos direitos dos povos, na linha da Declaração Universal dos Direitos dos Povos.

A perspectiva da Carta dos Direitos dos Povos é fortemente assinalada por um perfil bem próprio. Diversamente das outras cartas, na Declaração Universal dos Direitos dos Povos afirmam-se, como tese fundamental, como razão ontológica, os direitos das coletividades humanas, os direitos dos povos, os direitos das nações. Se uma nação é esmagada no seu direito à existência e à autonomia internacional, são esmagados, em consequência, os direitos de todos os indivíduos que integram essa nação.

Nos velhos tempos de Cachoeiro de Itapemirim, supunha, com outros companheiros, no sonho juvenil que a todos nos alimentava, que a Casa do Estudante de Cachoeiro seria uma assembleia com direito à palavra no fórum universal. Assim, nesse plenário da Casa do Estudante, saudei a criação do Estado de Israel, sob o fundamento de que os judeus tinham direito a uma pátria, a um pedaço de chão. Na mesma proposta defendi que os palestinos, já fincados naquele espaço do mundo, também deveriam ter reconhecido o direito a um território. A via diplomática deveria estabelecer os limites dos respectivos territórios nacionais. Remexendo meus arquivos implacáveis, encontrei os textos que me rememoram esses episódios da vida.

A Declaração Solene dos Povos Indígenas do Mundo é um poema à dignidade humana, à liberdade e à igualdade. E um protesto veemente contra a colonização e o genocídio:

"Quando a Terra-Mãe era nosso alimento,
Quando a noite escura era o telhado que nos cobria,
Quando o céu e a Lua eram nosso pai e nossa mãe,
Quando todos nós éramos irmãos e irmãs,
Quando a justiça reinava sobre a lei e sua aplicação,
Então outras civilizações chegaram."

"Famintos de sangue, de ouro, de terra e das riquezas da terra,
Sem conhecer e sem querer aprender os costumes de nossos povos,
Transformaram em escravos os *filhos do Sol.*"

"No entanto, eles não conseguiram nos eliminar!
Nem nos fazer esquecer quem nós somos,
Eis que somos a cultura da terra e do céu,
Nós somos de uma ascendência milenar.
Mesmo que todo o Universo seja destruído,
Nós viveremos,
Por tempo mais longo que o império da morte."[56]

A Carta Asiática de Direitos Humanos do Povo (1999), cronologicamente tardia em cotejo com outras cartas regionais, é sumamente expressiva e rica em conteúdo. Faz referência ao conceito de *humanidade comum*, ou seja, à margem de regionalismos e realidades culturais distintas, existe um fundo comum no gênero humano. A partir desta ideia de humani-

---

[56] Poema francês traduzido pelo autor.

dade comum, a Carta Asiática afirma a universalidade dos direitos humanos. Respaldada num amplo espectro da sociedade civil asiática, ela mostra que direitos humanos, longe de ser um conceito estrangeiro, é uma legítima aspiração e demanda de pessoas em toda a Ásia. A Carta Asiática consagra a tese de que princípios universais de direitos humanos podem ser articulados a partir de uma perspectiva asiática, respeitando suas milenares tradições culturais, religiosas e filosóficas. A carta é também uma expressão importante da indivisibilidade e interdependência dos direitos humanos, um lembrete de que um conjunto de direitos – econômicos, sociais, culturais, civis ou políticos – não pode ser apreciado à custa ou na ausência deste ou daquele direito em particular.

A Anistia Internacional congratulou-se com ênfase ao ensejo da edição da Carta Asiática de Direitos Humanos do Povo. A Carta Asiática consagra o direito dos povos ao desenvolvimento sustentável, afirma os direitos das mulheres, das crianças e dos povos indígenas e tribais da Ásia. Realça os direitos das minorias, dos trabalhadores, dos refugiados, dos idosos, dos portadores de distúrbios mentais, dos portadores de AIDS, dos prisioneiros. Destaca ainda como merecedores de todas as franquias os defensores dos direitos humanos.

É certo que a vigência de direitos humanos no mundo não depende só de declarações solenes. Demanda organização, educação, vigilância, luta. Mas é motivo de esperança verificar que as mais diversas culturas proclamam a dignidade de todos os seres. Esse consenso pode indicar que existe um caminho, como estrela anunciadora de um tempo melhor.

QUESTÃO PARA REVISÃO DA QUINTA PARTE

A) Questões para verificar a aprendizagem

1. Faça um resumo de um dos capítulos desta Quinta Parte.

2. Crie um quadro da correspondência entre os artigos da Declaração Universal dos Direitos Humanos e os artigos da Constituição Brasileira de 1988.

3. Pesquise quais são os direitos humanos mais frequentemente ou mais violentamente desrespeitados em seu estado, em seu município, em seu bairro ou em seu local de trabalho.

4. O que é o princípio da *presunção da inocência*? Qual o alcance e relevância desse princípio?

B) Questões para aprofundar o conhecimento

1. O texto do preâmbulo da Declaração Universal dos Direitos Humanos tem algum significado ou é irrelevante? Justifique cabalmente a resposta.

2. Com qual alcance deve ser entendido o princípio da repulsa às discriminações, expresso na Declaração Universal?

3. Escolha um dos temas e debata com a turma: *pena de morte; aborto; eutanásia.*

4. Suplemente com pesquisa e leituras o que foi escrito neste livro sobre tortura.

5. O que significa a proteção judicial dos direitos? Essa proteção vigora, efetivamente, no Brasil de hoje? Se há entraves a essa proteção, quais são eles? Esses entraves podem ser superados?

6. Amplie esta ideia: *família, depositária da vida*. Quais são os obstáculos reais para que a família atinja seu significado existencial dentro da realidade brasileira hodierna?

7. Discuta o acerto ou o desacerto desta opinião expressa pelo autor no Capítulo 27: A família não é somente nem principalmente uma instituição jurídica. Daí merecer todo respeito a família que se forma sem casamento legal. Também é família, sagrada, respeitável, a da mãe solteira e do filho ou dos filhos que advenham em tal situação. E mesmo a união homossexual, em clima de amor e respeito, tem direito de proteção, em nome do mais relevante princípio ético-jurídico: a dignidade da pessoa humana.

Referências bibliográficas

ABOU, Selim. *Droits de l'homme et relativité des cultures.* "Collége de France", 5-1990.

ANDRADE, Carlos Drummond de. *A Bruxa. Obras Completas.* Rio de Janeiro: Aguilar, 1964.

ARISTÓTELES. *A Constituição de Atenas.* Tradução de Francisco Murari Pires. São Paulo: Editora Hucitec, 1995.

ARQUIDIOCESE DE SÃO PAULO. *Brasil: Nunca Mais.* (Prefácio de Dom Paulo Evaristo Arns.) 3ª ed. Petrópolis: Editora Vozes, 1985.

ASSEMBLEIA NACIONAL CONSTITUINTE – Comissão de Sistematização. *Emendas Populares – 1 e 2.* Brasília: Centro Gráfico do Senado Federal, 1987.

BAECHLER, Jean. *Démocraties.* Calmann-Lévy, 1985.

BARRETO, Vicente. *A Ideologia Liberal no Processo da Independência do Brasil (1789/1924).* Brasília: Câmara dos Deputados, 1973.

BASTOS, Aurélio Wander. "O novo currículo e as tendências do ensino jurídico no Brasil." In: *Novas Diretrizes Curriculares.* Brasília: Conselho Federal da OAB, 1996.

BOBBIO, Norberto. *A Era dos Direitos.* Tradução de Carlos Nelson Coutinho. Rio de Janeiro: Campus, 1992.

BONAVIDES, Paulo. *Curso de Direito Constitucional.* 11ª ed. São Paulo: Malheiros, 2001.

BONAVIDES, Paulo & Andrade, Paes de. *História Constitucional do Brasil*. São Paulo: Editora Paz e Terra, 1991.

CASTORIADIS, Cornelius. *Le délabrement de l'Occdent*. Entretien avec Cornelius Castoriadis. Propos recueillis par Olivier Mongin, Joel Roman et Ramin Jahanbegloo. In: Esprit. Revue internationale. Paris, n. 177, 12-1991.

CHOMSKY, Avram Noam. *Language and Mind*. Nova York, Harcout, Brace e World, 1968.

FRAGOSO, Heleno Cláudio. *Direito Penal e Direitos Humanos*. Rio de Janeiro: Forense, 1977.

FRANCO, Afonso Arinos de Melo. *O Pensamento Constitucional Brasileiro*. Brasília: Câmara dos Deputados, 1978.

_____. *Curso de Direito Constitucional Brasileiro*. Rio de Janeiro: Forense, 1960.

GORIELY, B. *Les poètes dans la Révolution Russe*. Paris, Gallimard, 1934.

HERSCH, Jeanne (Org.). *O Direito de Ser Homem*. Rio de Janeiro: Editora Conquista, 1972. Tradução de Homero de Castro Jobim.

LIMA. João Batista de Souza. *As Mais Antigas Normas de Direito*. Rio de Janeiro: Forense, 1983.

HERZOG, J. S. *El Agrarismo Mexicano y la Reforma Agraria*. México: Cuadernos Americanos, 1959.

IHERING, Rudolf Von. *A Luta pelo Direito*. Rio de Janeiro: Editora Rio, 1978.

LEAL, Aurelino. *História Constitucional do Brasil*. Rio de Janeiro: Imprensa Nacional.

LOCKE, John. *Segundo Tratado sobre o Governo,* São Paulo: Ibrasa, 1963.

MANGABEIRA, João. *Em Torno da Constituição*. São Paulo: 1934.

MANGABEIRA, Francisco. *João Mangabeira: República e Socialismo no Brasil*. Rio de Janeiro: Editora Paz e Terra, 1979.

MENANDRO, Paulo Rogério M. & SOUZA, Lídio de. *Linchamentos no Brasil – A Justiça que não tarda, mas falha*. Vitória, Fundação Ceciliano Abel de Almeida & Centro de Estudos Gerais da Universidade Federal do Espírito Santo, 1991.

MIRANDA, Pontes de. *Comentários à Constituição de 1946*. Rio de Janeiro: Editora Borsoi, 1960, tomo V.

NABUCO, Joaquim. *Um Estadista do Império – Nabuco de Araújo*. Rio de Janeiro: sem data, tomo I.

PAPISCA, Antonio & MASCIA, Marco. *Le Relazioni Internazionali nell'era della Interdipendenza e dei Diritti Umani*. Padova, Cedam, 1991.

PIOVESAN, Flávia. *Democracia, Direitos Humanos e Globalização Econômica – Desafios e perspectivas para a construção da cidadania no Brasil*. Disponível em: http://www.iedc.org.br/artigos/500anos/flavia.htm

POLIGNAC, François de. *La naissance de la cité grecque*. Paris. La Découvert, coll. Textes à l'appui, 1984.

RODRIGUES, José Honório. *A Assembleia Constituinte de 1823*. Petrópolis: Editora Vozes, 1974.

REIS, Antônio Marques dos. *Constituição Federal Brasileira de 1934*. Rio de Janeiro: Ver Curiosidades, 1934.

RUSSOMANO, Victor. *História Constitucional do Rio Grande do Sul*. Porto Alegre, edição da Assembleia Legislativa do Rio Grande do Sul, 1976.

VASAK, Karel. "A Longa Luta pelos Direitos Humanos". In: *O Correio da Unesco*. Rio de Janeiro: janeiro de 1978, ano 6, n. 1.

VIEILLE, Paul & KHOSROKHAVAR, Farhad. *Le discours populaire de la Révolution Iranienne*. Editions Contemporanéité. 2 vols.

WALTER, G. *Lénine*. Paris, Julliard, 1950.

Lista completa dos livros do autor

1. *O Ensino de Organização Social e Política Brasileira.* Cachoeiro de Itapemirim, edição mimeografada, 1963. Esgotado.

2. *Na Tribuna do Ministério Público.* Cachoeiro de Itapemirim: Editora Marjo, 1965. Esgotado.

3. *Pela Justiça em São José do Calçado.* São José do Calçado(ES), 1971. Impresso na Escola de Artes Gráficas da União dos Lavradores de Vala do Souza. Esgotado.

4. *Considerações sobre o Novo Código de Processo Civil.* Porto Alegre: Ajuris, 1974 (Prêmio André da Rocha, ano de 1973, conferido pela Associação de Juízes do Rio Grande do Sul – 1° lugar no Concurso Nacional de Monografias). Esgotado.

5. *A Função Judiciária no Interior.* São Paulo: Resenha Universitária, 1977. Esgotado.

6. *Mil Perguntas: Introdução à Ciência do Direito.* Rio de Janeiro: Editora Rio, 1982. Esgotado.

7. *Como Participar da Constituinte.* Petrópolis: Editora Vozes, 1985 (6.ª edição). Esgotado.

8. *Introdução ao Estudo do Direito* (a partir de perguntas e respostas). Campinas: Julex Livros, 1987. Esgotado.

9. *Constituinte e Educação.* Petrópolis: Editora Vozes, 1987. Esgotado.

10. *Dilemas da Educação – Dos Apelos Populares à Constituição.* São Paulo: Cortez Editora/Autores Associados, 1989. Esgotado.

11. *Instituições de Direito Público e Privado.* São Paulo: Editora Acadêmica, 1992. Esgotado.

12. *O Direito dos Códigos e o Direito da Vida.* Porto Alegre: Sérgio Antônio Fabris – Editor, 1993. Esgotado.

13. *Crime, Tratamento sem Prisão.* Porto Alegre: Livraria do Advogado Editora, 1998 (3ª edição, revista e ampliada). Esgotado

14. *Agenda da Cidadania* (concebida pela Secretaria Municipal de Cidadania da Prefeitura Municipal de Vitória). Redação dos comentários à Declaração Universal dos Direitos Humanos. Seleção, com Vera Viana, de frases sobre Cidadania e Direitos Humanos, para a reflexão diária. 1999. Esgotado.

15. *Mil Perguntas – Introdução ao Direito.* Rio de Janeiro: Thex Editora – Biblioteca da Universidade Estácio de Sá, 2000 (2ª edição revista).

16. *Uma Porta para o Homem no Direito Criminal.* Rio de Janeiro: Forense, 2001 (4ª edição). Esgotado.

17. *Para onde vai o Direito?* Porto Alegre: Livraria do Advogado Editora, 2001 (3ª edição).

18. *Ética, Educação e Cidadania.* Porto Alegre: Livraria do Advogado Editora, 2001 (2ª edição).

19. *Direitos Humanos – A Construção Universal de uma Utopia.* Aparecida (SP), Editora Santuário, 2001 (2ª edição).

20. *O Direito Processual e o Resgate do Humanismo.* Rio de Janeiro: Thex Editora, 2001 (2ª edição).

21. *Direitos Humanos – Uma Ideia, Muitas Vozes.* Aparecida (SP): Editora Santuário, 2001 (3ª edição).

22. *Justiça, Direito do Povo.* Rio de Janeiro: Thex Editora, 2001 (2ª edição, revista e ampliada).

23. *Fundamentos de Direito.* Rio de Janeiro: Forense, 2001 (2ª edição).

24. *Como Funciona a Cidadania.* Manaus: Editora Valer (Coleção Como Funciona), 2001 (2ª edição).

25. *Cidadania para Todos – O que Toda Pessoa Precisa Saber a Respeito de Cidadania.* Rio de Janeiro: Thex Editora, 2002.

26. *Gênese dos Direitos Humanos.* Aparecida (SP): Editora Santuário, 2002 (2ª edição).

27. *Movimentos Sociais e Direito.* Porto Alegre: Livraria do Advogado Editora, 2003.

28. *Direito e Cidadania.* São Paulo: Uniletras, 2003.

29. *Ética para um Mundo Melhor – Vivências, Experiências, Testemunhos.* Rio de Janeiro: Thex Editora, 2003 (2ª edição).

30. *Direito e Utopia.* Porto Alegre: Livraria do Advogado Editora, 2004 (5ª edição).

31. *Escritos Marginais de um Jurista.* Porto Alegre: Livraria do Advogado Editora, 2005.

32. *Escritos de um Jurista Marginal.* Porto Alegre: Livraria do Advogado Editora, 2005.

33. *Para Gostar do Direito – Carta de Iniciação para Gostar do Direito.* Porto Alegre: Livraria do Advogado Editora, 2005 (6ª edição).

34. *Lições de Direito para Profissionais e Estudantes de Administração.* Rio de Janeiro: Fundo de Cultura, 2006.

35. *Introdução ao Direito – Abertura para o Mundo do Direito, Síntese de Princípios Fundamentais.* Rio de Janeiro: Thex Editora, 2006.

36. *ABC da Cidadania.* Vitória: Secretaria de Cidadania da Prefeitura Municipal de Vitória, 2006 (3ª edição).

37. *Os Novos Pecados Capitais.* Rio de Janeiro: José Olympio, 2007.

38. *Mulheres no Banco dos Réus – O universo feminino sob o olhar de um juiz.* Rio de Janeiro: Forense, 2008.

39. *Dilemas de um Juiz – A aventura obrigatória.* Rio de Janeiro: Editora GZ, 2009.

40. *Como Aplicar o Direito – À Luz de uma Perspectiva Axiológica, Fenomenológica e Sociológico-Política.* Rio de Janeiro: Forense, 2010 (12ª edição, ampliada).

41. *Filosofia do Direito.* Rio de Janeiro: Editora GZ, 2010.